प्रेमयोग

स्वामी विवेकानंद

डायमंड बुक्स

www.diamondbook.in

प्रकाशक	:	डायमंड पॉकेट बुक्स (प्रा.) लि.
		X-30 ओखला इंडस्ट्रियल एरिया, फेज-II
		नई दिल्ली-110020
फोन	:	011-40712200
ई-मेल	:	wecare@diamondbooks.in
वेबसाइट	:	www.diamondbooks.in
संस्करण	:	2025
मुद्रक	:	रेप्रो (इंडिया)

Prem Yog

By : Swami Vivekananda

प्रकाशकीय

स्वामी विवेकानंद का साहित्य न केवल भारत के लिए, बल्कि पूरे विश्व के लिए एक अमूल्य धरोहर है। उनके विचारों और लेखन ने पीढ़ियों को प्रेरित किया है और आज भी प्रासंगिक हैं।

विवेकानंद ने वेदांत के दर्शन को सरल और सुलभ भाषा में प्रस्तुत किया। उन्होंने "राजयोग," "ज्ञानयोग," "भक्तियोग," और "कर्मयोग" जैसे ग्रंथों के माध्यम से भारतीय दर्शन को पश्चिमी दुनिया तक पहुंचाया।

विवेकानंद के साहित्य में राष्ट्रवाद और समाज सुधार के विचार प्रमुख हैं। उन्होंने युवाओं को देश के विकास में योगदान देने के लिए प्रेरित किया। उन्होंने जातिवाद, छुआछूत और अन्य सामाजिक बुराइयों के खिलाफ आवाज उठाई।

विवेकानंद शिक्षा को एक महत्वपूर्ण उपकरण मानते थे। उन्होंने चरित्र निर्माण पर जोर दिया और युवाओं को नैतिक मूल्यों को अपनाने के लिए प्रोत्साहित किया।

विवेकानंद के साहित्य का प्रभाव न केवल भारत में, बल्कि विदेशों में भी हुआ। उनके विचारों ने कई विचारकों, लेखकों और राजनेताओं को प्रभावित किया है।

विवेकानंद के विचार आज भी प्रासंगिक हैं। उनके साहित्य से हमें जीवन के उद्देश्य, समाज के प्रति हमारी जिम्मेदारी और आत्म-साक्षात्कार के महत्व के बारे में महत्वपूर्ण सबक मिलते हैं।

नरेन्द्र कुमार वर्मा

nk@dpb.in

अनुक्रमणिका

प्रेमयोग

* * *

पूर्व साधना

भक्त प्रह्लाद द्वारा दी हुई निम्नलिखित परिभाषा ही संभवतः भक्तियोग की सर्वोत्तम परिभाषा है :

या प्रीतिरविवेकानां विषयेष्वनपायिनी।
त्वामनुस्मरतः सा मे हृदयान्मापसमर्पतु।।[1]

"हे ईश्वर! अज्ञानी जनों की जैसी गाढ़ी प्रीति इन्द्रियों के भोग के नाशवान् पदार्थों पर रहती है, उसी प्रकार की प्रीति मेरी तुझमें हो और तेरा स्मरण करते हुए मेरे हृदय से वह कभी दूर न होवे।"

हम देखते हैं कि वे लोग जो इन्द्रिय-भोग के पदार्थों से बढ़कर और किसी वस्तु को नहीं जानते, धन-धान्य, कपड़े-लत्ते, पुत्र-कलत्र, वस्त्र-बान्धव तथा अन्यान्य सामग्रियों पर कैसी दृढ़ प्रीति रखते हैं; इन वस्तुओं के प्रति उनकी कैसी घोर आसक्ति रहती है! इसीलिए इस परिभाषा में वे भक्त ऋषिराज कहते हैं "वैसी ही प्रबल आसक्ति वैसी ही दृढ़ संलग्नता मुझमें केवल तेरे प्रति रहे।" ऐसी ही प्रीति जब ईश्वर के प्रति की जाती है तब वह 'भक्ति' कहलाती है! भक्ति किसी वस्तु का संहार नहीं करती, वरन् हमें: यह सिखाती है कि हमें जो जो शक्तियाँ दी गयी हैं, उनमें से कोई भी निरर्थक नहीं है बल्कि उन्हीं में से होकर हमारी मुक्ति का स्वाभाविक मार्ग है। भक्ति न तो किसी वस्तु का निषेध करती है और न वह हमें प्रकृति के विरुद्ध ही चलाती है। भक्ति तो केवल हमारी प्रकृति को ऊँचा उठाती है और उसे अधिक शक्तिशाली प्रेरणा देती है। इन्द्रिय-विषयों पर हमारी कैसी स्वाभाविक प्रीति हुआ करती है! ऐसी प्रीति किये

---

[1] विष्णुपुराण १ -२ ०- १९

बिना हम रह ही नहीं सकते, क्योंकि ये विषय, ये पदार्थ हमें बिलकुल सत्य प्रतीत होते हैं। साधारणतः हमें इनसे उच्चतर पदार्थों में कोई यथार्थता ही नहीं दिखाई देती; पर जब मनुष्य इन इन्द्रियों के परे - इन्द्रियों, के संसार के उस पार - किसी यथार्थ वस्तु को देख पाता है तब वांछनीय यही है कि उस प्रीति को उस आसक्ति को बनाये तो रखे, पर उसे सांसारिक विषय के पदार्थों से हटाकर उस इन्द्रियातीत वस्तु परमेश्वर में लगा दे। और जब इन्द्रियों के भोग्य पदार्थों पर का वह उत्कट प्रेम भगवान् में लग जाता है तब उसका नाम 'भक्ति' हो जाता है। सन्त श्रीरामानुजाचार्य के मतानुसार उस उत्कट प्रेम की प्राप्ति के लिए नीचे लिखी साधनाएँ हैं।

प्रथम साधना है 'विवेक'। यह विशेषतः पाश्चात्यों की दृष्टि में विचित्र बात है। श्रीरामानुजाचार्य के मत से इसका अर्थ है आहार-मीमांसा या 'खाद्याखाद्य-विचार'। हमारे शरीर और मन की शक्तियों का निर्माण करनेवाली समय संजीवनी शक्तियाँ हमारे भोजन के भीतर ही रहती हैं। अभी जो कुछ मैं हूँ? वह सब इसके पूर्व मैंने जो खाया उस भोजन-सामग्री में ही था। वह सब खाद्य पदार्थों द्वारा ही मेरे शरीर में आया; उसमें संचित रहा और फिर उसने एक नया रूप धारण किया। वस्तुतः मेरे शरीर और मन में मेरे खाये हुए अन्न से भिन्न और कोई वस्तु है ही नहीं। जैसे भौतिक सृष्टि में हम शक्ति और जड़ पदार्थ पाते हैं और यह शक्ति तथा जड़ पदार्थ हममें, मन और शरीर बन जाते हैं, ठीक उसी तरह यथार्थ में देह और मन में और हमारे खाये हुए अन्न में केवल आकार या रूप का अन्तर है। जब ऐसा है कि हम अपने भोजन के जड़कणों द्वारा अपने विचार-यन्त्र का निर्माण 'करते हैं और उन जड़कणों में निहित सूक्ष्म शक्तियों द्वारा विचार का सृजन करते हैं तब -तो यह सहज ही सिद्ध होता है कि इस विचार और विचार-यन्त्र दोनों पर हमारे खाये हुए अन्न का प्रभाव पड़ेगा।

कुछ विशेष प्रकार के आहार हमारे मन में विशेष प्रकार के विकार उत्पन्न करते हैं। यह हम प्रतिदिन स्पष्ट रूप से देखते हैं। कुछ दूसरे प्रकार के आहारों का शरीर पर अन्य प्रकार का परिणाम होता है और अन्त में वह मन पर भी बहुत असर पहुँचाता है। इससे हम बहुत बड़ा पाठ यह सीखते हैं कि हम जिन दुःखों को भोग रहे हैं उनका बहुतेरा अंश हमें अपने खाये हुए भोजन द्वारा ही प्राप्त होता है। अधिक मात्रा में तथा दुष्पाच्य पदार्थ खा लेने के उपरान्त हम देखते हैं कि मन को काबू में रखना कितना

कठिन हो जाता है; तब तो मन निरन्तर इधर-उधर दौड़ ही लगाया करता है। फिर ऐसे भी खाद्य पदार्थ हैं जो उत्तेजक होते हैं; ऐसे पदार्थों को खाने से हम देखते हैं कि अपने मन को हम किसी प्रकार भी रोक नहीं सकते। यह मानी हुई बात है कि बहुत-स्त्री मात्रा में शराब पी लेने से या किसी अन्य नशीले पेय का व्यवहार करने से मनुष्य अपने मन को नियन्त्रित करने में असमर्थ हो जाता है; ऐसी अवस्था में मन उसके काबू के बाहर होकर इतस्ततः भागने लगता है।

श्रीरामानुजाचार्य हमें 'आहार' के तीन दोषों से बचने के लिए कहते हैं। प्रथम तो जाति-दोष अर्थात् आहार के स्वाभाविक गुण या किस्म की ओर ध्यान देना चाहिए। सभी उत्तेजक वस्तुओं का, उदाहरणार्थ मांस आदि का परित्याग करना चाहिए क्योंकि यह स्वभावतः ही अपवित्र वस्तु है। दूसरे का प्राण लेकर ही हमें मांस की प्राप्ति होती है। हम तो क्षणमात्र के लिए स्वाद-सुख पाते हैं पर उधर दूसरे जीवधारी को हमें यह क्षणिक स्वाद- सुख देने के लिए सदा के लिए अपने प्राणों से हाथ धोना पड़ता है। इतना ही नहीं वरन् हम दूसरे मनुष्यों का भी नैतिक अधःपतन करते हैं। अच्छा तो यह होता कि प्रत्येक मांसाहारी मनुष्य स्वयं ही प्राणि-वध करता। पर इसके बदले होता क्या है? समाज अपने लिए यह प्राणि-वध का कार्य मनुष्य के एक विशेष वर्ग द्वारा कराता है और तुर्रा यह कि उस कृत्य के कारण ही उस वर्ग के मनुष्य को वह घृणा की दृष्टि से देखता है। यहाँ का कानून तो 'मुझे नहीं मालूम, पर इंग्लैण्ड में कोई भी कसाई ज्यूरी (jury) में सदस्य बनकर न्यायप्रदान का कार्य नहीं कर सकता। इसके पीछे भाव यह है कि कसाई स्वभाव से ही निर्दयी होता है। पर भला उसको निर्दयी बनाया किसने? उसी समाज ने। यदि हम गोमांस और बकरी का मांस न खायें तो ये कसाई हों क्योंकर? मांस-भक्षण का अधिकार उन्हीं मनुष्यों को है जो बहुत कठिन परिश्रम करते हैं और भक्त होना नहीं चाहते। पर यदि आप भक्त होना चाहते है तो आपको मांस का त्याग करना चाहिए; वैसे ही सभी उत्तेजक भोजन - जैसे प्याज, लहसुन तथा अन्य सभी दुर्गन्धयुक्त पदार्थ - जैसे 'सावर क्रौट'[1] इत्यादि का त्याग करना चाहिए। कई दिनों का बना हुआ भोजन जो लगभग सड़ सा गया हो, अथवा जिसके स्वाभाविक

[1] यह जर्मनदेश की एक प्रकार की चटनी है, जो बन्द गोभी और खारे जल से बनती है।

रस सूख गये हों या जिसमें दुर्गन्ध आ गयी हो, ऐसे सभी खाद्य वस्तुओं का परित्याग करना आवश्यक है।

भोजन के सम्बन्ध में दूसरी बात है - आश्रय-दोष। यह पाश्चात्यों के लिए और भी जटिल बात है। आश्रय का अर्थ है वह व्यक्ति जिसके पास से भोजन मिला। यह हिन्दुओं का एक रहस्यमय सिद्धान्त है। इसके पीछे यह तर्क है कि प्रत्येक मनुष्य का अपना एक-वातावरण (aura) होता है और जिस किसी वस्तु को वह छूता है, उस वस्तु के साथ मानो उस मनुष्य की प्रकृति या आचरण का कुछ अंश, कुछ प्रभाव रह जाता है। जैसे प्रत्येक मनुष्य के शरीर से सूक्ष्म परमाणु (effluvia) निकला करते हैं, उसी तरह उसके आचरण या भाव भी उनके बाहर निकलते रहते हैं और जब कभी वह किसी वस्तु को छूता है तो उस वस्तु में वे लग जाते हैं। अतः हमें इस बात की सावधानी रखनी चाहिए कि पकाते समय हमारे भोजन को किसने स्पर्श किया - किसी दुष्ट-प्रकृति या दुराचारी मनुष्य ने उस भोजन को स्पर्श तो नहीं किया। जो भक्त होना चाहता है वह दुष्ट प्रकृति के मनुष्यों के साथ भोजन न करे क्योंकि उनकी दुष्टता का भाव भोजन द्वारा फैलता है।

तीसरी बात है निमित्त-दोष। यह समझने में बहुत सरल है। मैल और धूल इत्यादि भोजन में न हों। ऐसा न हो कि बाजार से खाद्य पदार्थ ले आये और उन्हें बिना धोये ही थाली में खाने के लिए परोस दिया। उनमें संसार-भर का कूड़ा-कर्कट और धूल भरी हुई है। मुख की लार, थूक इत्यादि वस्तुओं से हमें परहेज करना चाहिए। जब परमात्मा ने हमें चीजों को धोने के लिए यथेष्ट जल दे रखा है तो हमारी ओठों को छूने की और थूक द्वारा हरएक चीज को स्पर्श करने की आदत कैसी गन्दी और भयानक है! Mucus membrane अर्थात् द्रवोत्पादक या श्लैष्मिक झिल्ली हमारे शरीर का एक बड़ा नाजुक भाग है और इससे उत्पन्न लार इत्यादि के द्वारा अनिष्ट प्रभावों का संक्रमण हो जाना बहुत ही सहज है। अतः इसका स्पर्श दूषित ही नहीं, भयानक भी है। इसके अतिरिक्त किसी वस्तु का एक अंश यदि किसी दूसरे ने खाकर छोड़ दिया हो, तो उसे भी नहीं खाना चाहिए - जैसे किसी ने एक सेब का टुकड़ा काटकर स्वयं खा लिया और शेष किसी दूसरे को दे दिया। आहार में इन वर्जित बातों का त्याग कर देने

से आहार की शुद्धि होती है। आहार की शुद्धि से मनःशुद्धि और मनःशुद्धि से परमात्मा का सतत और निरन्तर स्मरण होता है।[1]

दूसरे टीकाकार श्रीशंकराचार्य ने इसका जो अर्थ लगाया है अब मैं वह आपको बताता हूँ संस्कृत भाषा में 'आहार' शब्द जिस धातु से बना है उसका अर्थ है एकत्र करना, ग्रहण करना। अतः आहार का अर्थ हुआ "जो कुछ एकत्र किया गया या ग्रहण किया गया।" देखिये वे क्या अर्थ करते हैं। वे कहते हैं, "जब आहार शुद्ध है तब मन शुद्ध रहता है" इसका ठीक अर्थ है कि हमें कुछ चीजों का वर्जन करना चाहिए ताकि हम इन्द्रियों में 'आसक्त' न हो जायें। प्रथम तो ईश्वर के अतिरिक्त अन्य किसी भी वस्तु पर हमारी आसक्ति न रहे। सब कुछ देखो, सब कुछ करो, सब कुछ छुओ, पर किसी वस्तु में आसक्त मत होओ। ज्योंही वह आसक्ति आयी कि समझो मनुष्य अपने आपको खो बैठा; फिर वह अपना स्वामी नहीं रह जाता, उसी क्षण दास या गुलाम बन जाता है। यदि किसी स्त्री की दृढ़ आसक्ति किसी पुरुष पर हुई, तो वह स्त्री उस पुरुष की गुलाम बन जाती है या वह पुरुष उस स्त्री का गुलाम बन जाता है। पर गुलाम बनने में कोई लाभ नहीं है। किसी मनुष्य के गुलाम बनने की अपेक्षा और अधिक अच्छी बातें इस दुनिया में है। हर किसी से प्रेम करो हर किसी की भलाई करो पर किसी के गुलाम मत बनो; क्योंकि दास या गुलाम बनने से एक तो हमारा व्यक्तिगत अधःपतन होता है और दूसरे हम इससे अत्यन्त स्वार्थी बन जाते हैं। इस दोष के कारण हम अपनों को लाभ पहुँचाने के लिए परायों को हानि पहुँचाते हैं। संसार में अधिकांश दुष्कर्म व्यक्तिगत आसक्ति के कारण ही किये गये हैं। अतः केवल सत्कर्मों के प्रति आसक्ति के अतिरिक्त हमें उस प्रकार की सभी आसक्तियों का त्याग करना चाहिए और सब से समान रूप से प्रेम करना चाहिए।

फिर, इन्द्रिय-भोग के किसी पदार्थ को पाने के लिए ईर्ष्या या द्वेष नहीं करना चाहिए। यह ईर्ष्या-द्वेष ही सारे अनर्थों का मूल है और साथ ही अत्यन्त दुर्दमनीय भी। उसके बाद है मोह या भ्रम। हम सदा एक वस्तु को दूसरी वस्तु समझ बैठते हैं और

---

[1] आहारशुद्धी सत्त्वशुद्धिः सत्त्वशुद्धी सुवा स्मृतिः।

- छान्देण्योपनिषक ७- २६

उसी गलत भावना से कार्य करते हैं। फल यह होता है कि हम अपने ऊपर विपत्ति खींच लाते हैं। हम अनिष्ट को इष्ट समझकर ग्रहण करते हैं। जो कुछ हमारे स्नायुओं में क्षण-भर के लिए गुदगुदी पैदा कर दे, उसे ही हम सर्वोत्तम वस्तु मान बैठते हैं। बाद में उससे हमें जब जोर से आघात पहुँचता है, तब हमारी आँखें खुलती है पर तब तक बहुत विलम्ब हो चुकता है। प्रतिदिन हम ऐसी ही भूल करते हैं और हम जीवन-भर इसी भूल में पड़े रहते हैं। जब इन्द्रियों बिना घोर आसक्ति के ईर्ष्या-द्वेष-रहित और मोह-भय-रहित होकर इस संसार में कार्य करती हैं तब उस कार्य को 'शुद्ध आहार' कहते हैं। यह शंकराचार्यजी का मत है। जब आहार शुद्ध रहे तभी मन पदार्थों को ग्रहण करने और उसके विषय में अनासक्त और द्वेष-भय से रहित होकर विचार करने में समर्थ हो सकता है। तब मन शुद्ध हो जाता है, और ऐसे शुद्ध मन में ही ईश्वर की सतत स्मृति-अव्याहत स्मृति-निरन्तर जागृत रहती है।

इससे प्रत्येक व्यक्ति के लिए यह सोचना स्वाभाविक है कि शंकराचार्यजी का अर्थ ही सब अर्थों में श्रेष्ठ है परन्तु फिर भी यहाँ पर मैं एक बात और कह देना चाहता हूँ और वह यह कि हमें श्रीरामानुजाचार्य के अर्थ की भी अवहेलना नहीं करनी चाहिए। जब तुम आहार-सामग्री की सावधानी रखोगे, तभी और बातें हो सकेंगी। यद्यपि यह सत्य है कि मन ही स्वामी है पर फिर भी हममें से कितने लोग इन्द्रियों के बन्धन से मुक्त हैं? जड़ वस्तुओं से ही हम जकड़े हुए हैं और जब तक हम पर जड़-वस्तुओं का बन्धन है तब तक. हमें जड़-वस्तुओं की सहायता लेनी पड़ेगी। उसके बाद हम शक्तिशाली बन जायेंगे, तब चाहे जो चीज खा सकेंगे। अतः हमें खाने-पीने की चीजों के सम्बन्ध में श्रीरामानुजाचार्य के आदर्श के अनुसार सावधानी रखनी चाहिए। साथ ही अपने मानसिक आहार के विषय में भी हमें सावधान रहना चाहिए। खाद्य पदार्थ के विषय में सतर्क रहना आसान है पर मानसिक साधना भी उसके साथ चलती रहे; तभी क्रमशः हमारी आत्मा की, हमारी धार्मिक प्रवृत्ति की शक्ति उत्तरोत्तर बढ़ेगी और शारीरिक वृत्तियों का साम्राज्य या भौतिक प्रवृत्ति की प्रबलता शिथिल होती जाएगी। तब ऐसा समय आ जाएगा, जब तुम्हें यह अनुभव होगा कि किसी भी प्रकार के भोजन से तुम्हारा अनिष्ट नहीं होता है। सब से बड़े डर यह है कि प्रत्येक मनुष्य यही चाहता है कि सर्वोच्च आदर्श तक कूदकर पहुँच जाऊँ। पर यह ध्यान रहे

कि कूदने का तरीका ठीक नहीं है। ऐसा करने से तो हम गिरकर केवल हाथ-पैर ही तोड़ लेंगे। हम यहाँ बँधे हुए हैं और हमें धीरे धीरे अपने बन्धन की जंजीर को तोड़ना है। इसी का नाम 'विवेक' या 'आहार-मीमांसा' है।

इसके बाद है 'विमोक' या स्वतन्त्रता। जो ईश्वर से प्रेम करना चाहता है उसे अपनी उत्कट अभिलाषाओं का त्याग करना चाहिए, ईश्वर को छोड़ अन्य किसी बात की कामना नहीं करनी चाहिए। यह संसार परलोक के मार्ग में या परमार्थ-प्राप्ति में जहाँ तक सहायता देता है, वहीं तक ठीक है। हमें उच्चतर पदार्थों की प्राप्ति में जहाँ तक इन्द्रिय-विषय सहायता देते हैं वहीं तक वे उचित हैं। पर हम यह भूल जाते हैं कि संसार साध्यतत्त्व की प्राप्ति के लिए एक साधन मात्र है, वह स्वयं इष्ट वस्तु या अन्तिम ध्येय नहीं है। यदि यह संसार ही अन्तिम ध्येय होता तो हम इस भौतिक शरीर में ही अमर रहते और कभी न मरते। पर हम देखते हैं कि हमारे आसपास प्रतिक्षण कितने ही मनुष्य मर रहे हैं, तिस पर भी हम मूर्खतावश यही समझते है कि हम कभी नहीं मरेंगे; और इसी विश्वास से यह निश्चय कर बैठे हैं कि यह जीवन अन्तिम लक्ष्य या आदर्श है। हममें से ९९ प्रतिशत मनुष्यों की यही अवस्था है। हमें इस भाव का एकदम त्याग कर देना चाहिए। हमें पूर्ण बनाने में जहाँ तक यह संसार सहायक हो सके वहीं तक वह ठीक है। पर ज्योंही उससे हमें ऐसी सहायता प्राप्त होना बन्द हुआ, त्योंही वह अनर्थ - निरा अनर्थ है। इसी तरह पति-पत्नी, पुत्र-कन्या, धन-दौलत रुपये-पैसे विद्वत्ता या पाण्डित्य हमारे लिए तभी तक इष्ट हैं जब तक वे हमारी उन्नति के मार्ग में सहायक हैं और जब उनसे ऐसी सहायता न मिले तब वे केवल अनिष्टकारक रह जाते हैं। यदि पत्नी परमात्मा की ओर जाने में हमारी सहायक हो, तो वह सुपत्नी है; इसी तरह पति और सन्तति के सम्बन्ध में भी जानो। यदि धन के द्वारा हम दूसरों की भलाई कर सकते हैं तब तो वह काम की चीज है। अन्यथा वह धन अनर्थ का घर है और जितने शीघ्र उससे हम अपना पिण्ड छुड़ा सकें उतना ही अच्छा।

तदुपरान्त 'अभ्यास'। मन सदा परमात्मा की ही ओर जाय। अन्य किसी वस्तु को हमारे मन में प्रवेश करने का अधिकार नहीं है। मन निरन्तर ईश्वर का ही चिन्तन करे। यद्यपि यह कठिन है पर सतत अभ्यास से ऐसा हो सकता है। हम आज जो कुछ हैं वह हमारे पूर्व अभ्यास का परिणाम है और अब जैसा अध्यास करेंगे, वैसा ही भविष्य में बनेंगे। इसीलिए अब से हमें दूसरी तरह का अभ्यास करना चाहिए। एक प्रकार की

प्रवृत्ति ने हमें इस ओर ला दिया है। दूसरी ओर मुँह फेर लो और जितनी जल्दी बने इस अवस्था के बाहर निकल जाओ।

इन्द्रियों का अर्थात् इन्द्रिय-विषयों का ध्यान करते करते हम इस क्षणभंगुर जीवन में आ गिरे हैं। हमारी यह अवस्था है कि एक क्षण हम हँसते हैं तो दूसरे ही क्षण रोने लगते हैं; हवा के हर झोंके के साथ चल-विचल हो जाते हैं; एक शब्द या ज़ुबान के गुलाम, यहाँ तक कि रोटी के एक टुकड़े तक के गुलाम बन गये हैं। यह कितनी लज्जा की बात है! फिर भी हम अपने को आत्मा कहकर पुकारते हैं! पर इसका हमारे पास कोई अर्थ नहीं। हम संसार के गुलाम हैं और इन्द्रियावलम्बी, विषयाभिलाषी होने के कारण ही हमने अपनी ऐसी अवस्था कर डाली है। अब दूसरी दिशा को जाओ हमारा मार्ग ग्रहण करो ईश्वर का ध्यान करो। परमात्मा का चिन्तन करो। अपने मन में किसी भौतिक या मानसिक सुख- भोग का विचार मत लाओ केवल परमात्मा की ही ओर अपने मन को लगाओ। जब मन किसी अन्य बात का विचार करने लगे तो उसे ऐसे जोर से ऐसा जमाओ कि मन वहाँ से लौट पड़े और ईश्वर-चिन्तन में प्रवृत्त हो जाय। "जैसे तेल एक पात्र से दूसरे पात्र में डालते समय अविच्छिन्न धारा में गिरता है जैसे दूर होता घाटा-नाद कानों में एक लगातार धारा- प्रवाह के रूप में आता है उसी प्रकार मन भी एक अविच्छिन्न, लगातार धारा-प्रवाह में ईश्वर की ओर निरन्तर दौड़ा करे।" हमें इस अभ्यास का अवलम्बन केवल मन के लिए ही नहीं करना चाहिए, वरन् अपनी इन्द्रियों को भी इस अभ्यास में लगाना चाहिए। कानों द्वारा व्यर्थ की बकवास न सुनकर हमें केवल ईश्वर की वार्ता सुननी चाहिए। जिह्वा द्वारा निरर्थक बातें न कहकर ईश्वर की ही चर्चा करनी चाहिए। फालतू किताबें न पढ़कर हमें केवल ऐसे सद्ग्रन्थों का पाठ करना चाहिए, जिनमें ईश्वर-सम्बन्धी विषयों का विवेचन हो।

ईश-स्मरण का यह अभ्यास बनाये रखने के लिए हमें सब से बढ़कर सहायता संभवतः गायन या संगीत द्वारा ही मिल सकती है। भक्ति के महान् आचार्य नारद से भगवान् कहते हैं : -

"हे नारद, न मैं वैकुण्ठ में रहता हूँ? न योगियों के हृदयों में ही। मैं तो वहीं रहता हूँ? जहाँ भक्तगण मेरी स्तुति का गान करते हैं।"[1]

---

[1] "गाह वसामि वैकुण्ठे योत्मइनां हृदय न च।
मद्भक्ता यत्र गायन्ति तत्र तिष्ठामि नारद॥"

मानव-हृदय पर संगीत का इतना प्रबल प्रभाव पड़ता है कि यह क्षण-भर में चित्त की एकाग्रता ला देता है। आप देखेंगे कि जड़, अज्ञानी, नीच और पशुवृत्तिवाले मनुष्य, जो अपने मन को क्षणभर के लिए भी स्थिर नहीं कर सकते वे भी मनोहर संगीत का श्रवण करते ही तत्क्षण मुग्ध हो जाते हैं। सिंह श्वान, बिल्ली, मोर सर्प आदि पशुओं के भी मन संगीत द्वारा मोहित हो जाते हैं।

तत्पश्चात् 'क्रिया' (कर्म) - दूसरों की भलाई करना। ईश्वर का स्मरण स्वार्थी मनुष्य को नहीं रहता। हम जितना ही अपने से बाहर दृष्टि डालेंगे जितना ही दूसरों का उपकार करेंगे, उतनी ही हमारे हृदय की शुद्धि होगी और उसमें परमात्मा का निवास होगा। हमारे शास्त्रों में पाँच क्रियाओं का उल्लेख है जिन्हें पंचविध पूजा या पंचमहायज्ञ कहते हैं।

प्रथम है 'स्वाध्याय'। मनुष्य को प्रतिदिन कुछ पवित्र और शुभ अध्ययन करना चाहिए।

दूसरा है 'देवयज्ञ' - ईश्वर देवता या साधु-सन्तों की उपासना।

तीसरा है 'पितृयज्ञ' - अपने पितरों के प्रति कर्तव्य।

चौथा है 'मनुष्य-यज्ञ' अर्थात् मानव-जाति के प्रति हमारा कर्तव्य। जब तक दीन या गृहहीन निराश्रितों के लिए घर न बनवा दे, तब तक मनुष्य को स्वयं के घर में रहने का कोई अधिकार नहीं। गृहस्थ का घर प्रत्येक दीन और दुःखी के लिए सदा खुला रहना चाहिए, तभी वह सच्चा गृहस्थ है। यदि कोई गृहस्थ यह समझता है कि मैं और मेरी पत्नी ये ही दो व्यक्ति संसार में हैं और केवल अपने और अपनी पत्नी के भोग के लिए ही वह घर बनाता है तो वह 'ईश्वर का प्रेमी' कदापि नहीं हो सकता। यह उसका अत्यन्त स्वार्थी कार्य है। केवल अपनी उदरपूर्ति के लिए भोजन पकाने का किसी मनुष्य को अधिकार नहीं है, दूसरों को खिलाने के बाद जो बच रहे, उसी को खाना चाहिए। भारतवर्ष में ऐसी साधारण प्रथा है कि जब किसी ऋतु का फल - आम जामुन इत्यादि - पहले-पहल बाजार में आता है तो कुछ फल खरीदकर पहले गरीबों को दे देते हैं और फिर स्वयं खाते हैं। इस उत्तम प्रथा का अनुकरण करना इस देश (अमेरिका) में अच्छा होगा। ऐसे व्यवहार से मनुष्य स्वयं निःस्वार्थ बनेगा और अपनी पत्नी और बच्चों को भी उत्तम शिक्षा प्रदान करेगा। प्राचीन काल में हीब्रू जाति के

लोग पहली फसल के फलों को ईश्वर को अर्पण किया करते थे। प्रत्येक पदार्थ का प्रथम भाग दीनों को देना चाहिए। अवशिष्ट भाग पर ही हमारा अधिकार है। दीन ही परमात्मा के रूप (प्रतिनिधि) हैं। दुःखी ही ईश्वर का रूप है। जो मनुष्य बिना दिये खाता है और ऐसे खाने में सुख मानता है वह पाप का भागी होता है।

पांचवीं क्रिया है 'भूतयज्ञ' या मनुष्य की अपेक्षा नीची योनिवाले प्राणियों के प्रति हमारा कर्तव्य। यह मानना कि समस्त जीवधारी मनुष्य के लिए ही बनाये गये हैं तथा इन प्राणियों की हत्या करके मनुष्य अपनी इच्छा के अनुसार उपयोग कर सकता है, निरी पैशाचिक भावना है। यह शैतान का शास्त्र है, भगवान् का नहीं। शरीर के किसी अंग का अमुक भाग हिलता है या नहीं यह देखने के लिए जीवधारियों को उठाकर काट डालना कैसा घृणित कार्य है - विचारों तो सही! मुझे खुशी है कि हिन्दू लोग ऐसी बातें गवारा नहीं कर सकते, चाहे उन्हें अपने शासक विदेशी सरकार से इसके लिए कैसा भी प्रोत्साहन क्यों न मिले। हम जो अन्न खाते है उसके एक अंश पर अन्य जीवधारियों का भी अधिकार है। उन्हें भी प्रतिदिन खिलाना चाहिए। यहाँ प्रत्येक नगर में दीन, लँगड़े या अन्धे, घोड़े, बिल्ली, कुत्ते, गाय-बैल इत्यादि पशुओं के लिए अस्पताल होने चाहिए। वहाँ इन्हें खिलाया जाय तथा इनकी देख-भाल की जाय।

इसके बाद की साधना है 'कल्याण' या पवित्रता, जिसके अन्तर्गत कई बातें हैं

प्रथम - 'सत्य' या सत्यता। जो सत्यनिष्ठ है, सत्यरूपी ईश्वर उनके समीप आता है। अतएव हमारे विचार, वाणी और कार्य सभी पूर्ण रूप से सत्य होने चाहिए।

फिर 'आर्जव' - निष्कपट भाव या सरलता। इस शब्द का अर्थ है सादगी, हृदय में कुटिलता या टेढ़ापन न हो, 'हृदय आन, मुख आन' का व्यवहार न हो। यदि कुछ कड़ा या अप्रिय भी होना पड़े तो भी सीधे चलना चाहिए, टेढ़ापन काम में नहीं लाना चाहिए।

'दया' - करुणा या सहानुभूति।

'अहिंसा' - मनसा-वाचा-कर्मणा किसी को हानि न पहुँचाना।

'दान' - दान से बढ़कर और कोई धर्म नहीं है। सब से नीच मनुष्य वह है, जिसका हाथ सदा अपनी ओर रहता है और जो अपने ही लिए सब पदार्थों को लेने में लगा रहता है। और सब से उत्तम पुरुष वह है जिसका हाथ बाहर की ओर है तथा दूसरों को

देने में लगा है। हाथ इसीलिए बनाये गये हैं कि सदा दान देते रहो। तुम स्वयं भूखे रहकर भी अपने पास की रोटी का अन्तिम टुकड़ा, अन्न का अन्तिम ग्रास तक दूसरों को दे डालो। यदि दूसरे को देकर भूख से तुम्हारी मृत्यु भी' हो जाय, तो क्षणभर में ही तुम मुक्त हो जाओगे, तत्सण तुम पूर्ण हो जाओगे, उसी क्षण तुम ईश्वर हो जाओगे। जिन मनुष्यों के बाल-बच्चे हैं वे तो बद्ध ही हैं। वे दान नहीं कर सकते। वे बाल-बच्चों का सुख भोगना चाहते हैं अतः उन्हें उसका मूल्य चुकाना पड़ेगा ही। क्या संसार में पर्याप्त बाल-बच्चे नहीं हैं? कैसी स्वार्थ-बुद्धि है कि मेरे भी एक बच्चा हो![1]

इसके बाद की साधना है 'अनवसाद'। इसका शब्दार्थ है - हताश न होना, निराश न होना, अर्थात् चित्त की प्रसन्नता। उदास रहना कदापि धर्म नहीं है, चाहे वह और कुछ भले ही हो। प्रफुल्ल-चित्त तथा हँसमुख रहने से तुम ईश्वर के समीप पहुँच जाओगे। प्रार्थना की अपेक्षा प्रसन्नता के द्वारा हम ईश्वर के अधिक निकट पहुँच सकते हैं। ग्लानिपूर्ण या उदास मन से प्रेम कैसे हो सकता है? यदि ऐसे मनवाले प्रेम की बात करें तो वह मिथ्या है। वे तो दूसरों को कष्ट देना चाहते हैं। धर्मान्धों (या कट्टरपन्थियों) की ही बात सोचिये। ऐसे लोग मुखमुद्रा तो बड़ी गम्भीर बनाते हैं पर उनका सारा धर्म वाणी और कार्यों द्वारा दूसरों के साथ लड़ाई-झगड़ा करते रहना ही होता है। उनके कार्यों का पिछला इतिहास देखिये और सोचिये कि यदि उन्हें स्वतन्त्रता दे दी जाय,, तो अभी वे क्या कर डालेंगे। सारे संसार को यदि खून की नदी में डुबा देने से उन्हें कोई अधिकार प्राप्त होता हो तो वे कल ही ऐसा कर डालेंगे क्योंकि तिमिराच्छन्न अवसाद ही उनका ईश्वर है। ऐसी भीषणता की आराधना करने और गम्भीर मुखमुद्रा बनाये रहने के कारण उनके हृदय में प्रेम का नामोनिशान तक नहीं रह पाता और उन्हें किसी पर दया नहीं आती। अतः जो मनुष्य सदा अपने को दुःखी मानता है उसे ईश्वर की प्राप्ति नहीं हो सकती। 'मैं कितना दुःखी हूँ, ऐसा सोचते रहना आसुरी भावना है, धर्म नहीं।

---

[1] रामानुजाचार्य ने एक और साधना 'अनभिध्या' का उल्लेख किया है। अनभिध्या का अर्थ है दूसरों की वस्तु पर लोभ न करना, व्यर्थ या अभिमानपूर्ण विचार न करना, और दूसरों द्वारा अपनी जो हानि हुई हो उस सोच न करना। अनभिध्या से वह शुद्धता प्राप्त होती है, जिसकी गणना 'कल्याण' के अन्तर्गत गुणों में स्वामी विवेकानन्दजी ने अन्यत्र की है। (देखें - भक्तियोग - 'भक्ति के साधक शीर्षक अध्याय)

हरएक मनुष्य को अपना बोझा ढोना है। यदि तुम दुःखी हो तो सुखी बनने का प्रयत्न करो, अपने दुःखों पर विजय प्राप्त करो। दुर्बलों को ईश्वर की प्राप्ति नहीं होती। अतः दुर्बल कदापि न बनो। तुम्हारे अन्दर असीम शक्ति है तुम्हें शक्तिशाली बनना चाहिए। अन्यथा तुम किसी भी वस्तु पर विजय कैसे प्राप्त करोगे? शक्तिशाली हुए बिना तुम ईश्वर को कैसे प्राप्त कर सकोगे? पर साथ ही अतिशय हर्ष अर्थात् हर्षोद्रेक या उद्धर्ष से भी बचते रहो। अत्यन्त हर्ष की अवस्था में भी मन शान्त नहीं रह पाता, मन में चंचलता आ जाती है। अति हर्ष के बाद सदा दुःख ही आता है। हँसी और आँसू का घनिष्ठ सम्बन्ध है। मनुष्य बहुधा एक अतिरेक से दूसरे की ओर दौड़ पड़ता है। चित्त सदा प्रसन्न रहे पर शान्त हो। उसे अतिशयिता की ओर कदापि भागने नहीं देना चाहिए, क्योंकि प्रत्येक अतिशयिता का परिणाम उलटा होता है।

ये ही रामानुजाचार्य के मतानुसार भक्ति की साधनाएँ हैं।

* * *

प्रथम सोपान अर्थात् भक्ति की प्रथम सीढ़ी

भक्ति के विषय में लिखनेवाले तत्त्ववेत्ता भक्ति की व्याख्या 'ईश्वर के प्रति परम अनुराग' करते हैं। पर प्रश्न यह है कि मनुष्य ईश्वर पर प्रेम या अनुराग क्यों करे? जब तक हम यह बात न समझ लें तब तक भक्ति के विषय में हमें कुछ भी बोध नहीं हो सकता। जीवन के दो बिलकुल भिन्न भिन्न प्रकार के आदर्श हैं। सभी देशों के मनुष्य चाहे वे किसी भी धर्म के अनुयायी हों, यह जानते हैं कि मनुष्य देह भी है और आत्मा भी। पर मानव-जीवन के अन्तिम साध्य या उद्देश्य के सम्बन्ध में बड़ा मतभेद है। पाश्चात्य देशों में साधारणतः मनुष्य के भौतिक स्वरूप पर बहुत जोर दिया जाता है और भारत में भक्तिशास्त्र के आचार्यगण मनुष्य के आध्यात्मिक स्वरूप पर जोर देते हैं। यही अन्तर पूर्वी और पश्चिमी राष्ट्रों के स्वभावगत भेद का निदर्शक है। साधारण बोल-चाल में भी यही बात देखने में आती है। इंग्लैण्ड में मृत्यु के सम्बन्ध में कहा जाता है कि मनुष्य ने आत्मा का त्याग किया (a man gives up his ghost); और भारतवर्ष में कहते हैं कि मनुष्य ने देह का त्याग किया (a man gives up his body)। प्रथम पक्ष (पाश्चात्यों) का भाव यह है कि मनुष्य एक देह है और उसमें आत्मा होती हैं। द्वितीय पक्ष (पौर्वात्यों) का यह भाव है कि मनुष्य आत्मा है और उसके देह होती है। इस मतभेद के फलस्वरूप कई जटिल समस्याएं उत्पन्न होती हैं। स्वाभाविक परिणाम यह होता है कि जिस देश में यह आदर्श है कि मनुष्य शरीर है और उसकी आत्मा होती है, वहाँ शरीर पर ही सारा जोर दिया जाता है। यदि उससे पूछो कि मनुष्य किसलिए जीता है, तो उत्तर यही मिलेगा कि इन्द्रियों का सुख भोगने के लिए; धन-दौलत, आप्त-बंधु ऐहिक पदार्थों का उपभोग करने के लिए। यदि तुम उसे यह बताओ कि इनसे भी परे कोई वस्तु होती है तो वह उसकी कल्पना भी नहीं

कर सकता। भावी जीवन या परलोक के सम्बन्ध में उसकी केवल यही धारणा होती है कि यह सुख-भोग सतत बना रहे। उसे बड़ा दुःख इस बात का है कि इसी लोक में वह सदा इस इन्द्रिय-सुख-भोग में रह नहीं सकता और उसे यह लोक छोड़कर जाना पड़ेगा। पर वह तो यही समझता है कि चाहे जिस तरह भी हो वह एक ऐसे स्थान में जाएगा, जहाँ उसे यही इन्द्रिय-सुख-भोग पुनः प्राप्त होगा। वहाँ उसे ये ही सब इन्द्रियाँ प्राप्त होंगी ये ही सब सुख-भोग मिलेंगे पर वहाँ ये सब चीजें उच्च श्रेणी की होंगी और अधिक मात्रा में मिलेंगी। वह ईश्वर की पूजा इसलिए करता है कि ईश्वर उसके इस उद्देश्य की पूर्ति का साधन है। उसके जीवन का लक्ष्य है इन्द्रिय-विषय- भोग और वह समझता है कि ईश्वर एक ऐसा व्यक्ति है जो अत्यधिक काल तक उसे यह विषय-भोग दे सकता है। इसी कारण वह ईश्वर की पूजा या उपासना करता है। इसके विपरीत भारतवासियों की कल्पना यह है कि ईश्वर ही जीवन का लक्ष्य है ईश्वर से परे या ईश्वर से श्रेष्ठ और कुछ नहीं है। इन सब इन्द्रिय-सुख-भोगों के मार्ग में से हम केवल इस आशा से चले जा रहे हैं कि हमें आगे इनसे उच्चतर वस्तुओं की प्राप्ति होगी। यही नहीं यदि मनुष्य को इन इन्द्रिय-विषय-भोगों के अतिरिक्त कुछ नहीं मिलता है तो उसकी दशा बड़ी दुःखदायी और भयानक हो जाती है।

हम प्रतिदिन अपने जीवन में देखते हैं कि मनुष्य के इन्द्रिय-विषय- भोग की मात्रा जितनी कम हो उतना ही उसका जीवन उच्चतर होता है। जब कुत्ता भोजन करता है तब उसकी ओर देखिये। भोजन करने में वैसा आनन्द मनुष्य को नहीं प्राप्त होता। शूकर की ओर देखिये। खाते खाते कैसी हर्ष-ध्वनि करता है। ऐसा कोई मनुष्य उत्पन्न नहीं हुआ, जिसे भोजन करने में उतना आनन्द आये। निम्न श्रेणी के प्राणियों की श्रवण-शक्ति का विचार कीजिये। उनकी अवलोकन-शक्ति के विषय में सोचिये। उनकी समस्त इन्द्रियाँ कैसी उन्नत अवस्था को पहुँची हुई होती है! उनके इन्द्रिय-सुख की मात्रा असीम होती है। वे इस इन्द्रिय-सुख- भोग से हर्ष और आनन्द में बिलकुल उन्मत्त हो जाते हैं। इसी प्रकार मनुष्य भी जितनी नीची श्रेणी में होगा, उतना ही अधिक आनन्द उसे इन्द्रिय-विषयों में आयेगा। मनुष्य जैसे जैसे उन्नति करता जायगा, वैसे वैसे विवेक और प्रेम उसके जीवन में आदर्श बनते जाएँगे। उसकी इन प्रवृत्तियों का जैसे जैसे विकास होता जाएगा वैसे वैसे उसकी इन्द्रिय-विषयों में आनन्द अनुभव करने की

शक्ति क्षीण होती जायेगी। उदाहरण के लिए देखिये, यदि हम मान लें कि मनुष्य को अमुक परिमाण में शक्ति दी गयी और उस शक्ति का व्यय वह अपने शरीर मन या आत्मा के लिए कर सकता है तो इनमें से यदि वह किसी एक विभाग में अपनी सब शक्ति व्यय कर दे तो शेष विभागों में व्यय करने के लिए उसके पास उतनी ही कम मात्रा में शक्ति रह जाएगी। सभ्य जातियों की अपेक्षा अज्ञानी या जंगली जातियों की इन्द्रिय-शक्ति अधिक तेज होती है। यथार्थ में इतिहास से हम एक यह भी शिक्षा ग्रहण करते हैं कि जैसे जैसे राष्ट्र सभ्य होता है, वैसे वैसे उसकी स्नायु-शक्ति (मस्तिष्क-शक्ति) तो तेज होती जाती है, पर शारीरिक दुर्बलता बढ़ती जाती है। किसी जंगली जाति को सभ्य बनाओ और यही बात तुम्हें दिखायी देगी। कोई अन्य जंगली जाति इस पर चढ़ाई करके इसे जीत लेगी। प्रायः जंगली जाति ही सदा विजयी होती है। इससे हम देख सकते हैं कि यदि हमें सर्वदा इन्द्रियों के विषय-भोग के सुख की इच्छा है, तो हम अपने को पशु की अवस्था में गिरा देंगे। जब मनुष्य यह कहता है कि मैं ऐसे स्थान में जाऊँगा, जहाँ इन्द्रियों के सुखोपभोग की वृद्धि हो, तब वह यह नहीं समझता कि मैं यह क्या माँग रहा हूँ। मैं किस बात की इच्छा कर रहा हूँ। ऐसी अवस्था तो उसे नर-देह त्यागकर पशु-योनि में पतित होने पर ही मिल सकती है। शूकर को यह भावना कभी होती ही नहीं कि वह मैला खा रहा है। मलभक्षण ही उसका स्वर्ग है। यदि स्वर्ग के देवता भी उसे दर्शन देने आयें, तो उनकी ओर वह फिरकर देखेगा तक नहीं, क्योंकि उसका सारा अस्तित्व उसके खाने में ही समाया है।

इन्द्रिय-विषयक सुखों से परिपूर्ण स्वर्ग की कामना करनेवाले मनुष्य भी उसी प्रकार हैं। वे शूकर की तरह इन्द्रिय-विषयों के कीचड़ में लोट रहे हैं। उसके परे वे कुछ देख ही नहीं सकते। यही इन्द्रिय-भोग वे चाहते हैं और इसका छूटना ही उनके लिए स्वर्ग का खोना है। 'भक्त' शब्द का अत्युच्च अर्थ में प्रयोग करते हुए यही कहना पड़ेगा कि ऐसे मनुष्य भक्त कभी नहीं हे सकते। वे ईश्वर के सच्चे प्रेमी कदापि नहीं बन सकते। फिर भी यदि इस निम्न श्रेणी का आदर्श थोड़े ही समय के लिए रहे तो समय पाकर यह आदर्श बदल जायगा। हरएक मनुष्य यह समझने लगेगा कि इससे भी कोई उच्चतर वस्तु है, जिसका ज्ञान उसे पहले नहीं था। और इस प्रकार उस समय जीवन के प्रति तथा इन्द्रिय-विषयों पर उसकी आसक्ति क्रमशः नष्ट हो जाएगी। जब मैं छोटा था

और पाठशाला में पड़ता था, उस समय मेरे एक सहपाठी से मिठाई या ऐसी ही किसी अन्य वस्तु के लिए झगड़ा हो गया। वह लड़का अधिक बलवान् था इसलिए उसने वह वस्तु मेरे हाथ से छीन ली। उस समय मेरे मन में जो भाव आया, वह मुझे अभी भी स्मरण है। मैं सोचने लगा, इस लड़के के समान दुष्ट संसार में दूसरा कोई नहीं है और जब मुझमें ताकत आ जायगी तब मैं इस दुष्ट को दण्ड दूँगा; इसकी दुष्टता को देखते हुए कोई दण्ड इसके लिए पर्याप्त नहीं है। अब हम दोनों बड़े हो गये हैं और परम मित्र बन गये हैं। इसी तरह इस संसार में सर्वत्र छोटे छोटे बच्चे ही भरे पड़े हैं। खाने-पीने और अन्य इन्द्रियों की भोग्य वस्तुएँ ही इन बच्चों का सर्वस्व है। इन वस्तुओं के टुकड़े का भी खोना इनको कष्टप्रद प्रतीत होता है। ये बच्चे केवल रोटी, पूरी या मालपुआ का ही स्वप्न देखा करते हैं। भावी-जीवन या परलोक सम्बन्धी उनकी कल्पना भी यही है कि वहाँ भी पूरी-मालपुआ का ढेर लगा रहेगा। अमेरिकन इण्डियन को देखो। उसका विश्वास है कि परलोक में उसे शिकार की सामग्री बहुत मिलेगी। हरएक की अपनी अपनी वासना के अनुसार ही स्वर्ग की कल्पना रहा करती है। पर कालान्तर में जैसे जैसे हम बड़े होते जाते हैं, हम उच्चतर वस्तुओं को देखते जाते हैं और इन सब के परे और भी उच्चतर बातों के आभास हमें प्राप्त होते हैं।

आधुनिक काल की साधारण प्रथा के अनुसार सभी वस्तुओं के प्रति अविश्वास करके हमें परलोक-विषयक सभी धारणाओं का त्याग नहीं करना चाहिए। इस तरह हर बात को उड़ा देना, नाश या संहार का लक्षण है। नास्तिक जो सभी बातों को उड़ा देता है भूला हुआ है। पर भक्त तो इससे और ऊँचा देखता है। नास्तिक स्वर्ग जाना -नहीं चाहता, क्योंकि वह तो स्वर्ग को मानता ही नहीं। पर भगवद्भक्त भी स्वर्ग में जाना नहीं चाहता क्योंकि उसकी दृष्टि में स्वर्ग बच्चों का खिलौना मात्र है। भगवद्भक्त तो चाहता है केवल ईश्वर को। ईश्वर से बढ़कर साध्य, आदर्श या लक्ष्य और हो ही क्या सकता है? स्वयं परमात्मा ही मनुष्य-जीवन का चरम लक्ष्य है। उसी के दर्शन करो। उसी का आनन्द लूटो। हम ईश्वर से बढ़कर अन्य किसी उच्च वस्तु की कल्पना कर नहीं सकते, क्योंकि ईश्वर पूर्णस्वरूप है। हम प्रेम से बढ़कर सुख या आनन्द की कल्पना नहीं कर सकते। पर इस 'प्रेम' शब्द का अर्थ भिन्न है। इसका अर्थ संसार का साधारण स्वार्थमय प्रेम नहीं है इसी संसारी प्रेम को प्रेम कहना अधर्म होगा। अपने बच्चों और

स्त्री के प्रति हमारा जो प्रेम होता है, वह केवल पाशविक प्रेम है। जो प्रेम पूर्णतया निःस्वार्थ हो, वही 'प्रेम है और वह सचमुच ईश्वर का प्रेम है। उस प्रेम की प्राप्त करना बड़ी कठिन बात है। हम इन भिन्न भिन्न प्रेम, जैसे सम्पत्ति- प्रेम, पितृ-प्रेम, मातृ-प्रेम इत्यादि के मार्ग में से जा रहे हैं। हम प्रेम की प्रवृत्ति का धीरे-धीरे अभ्यास कर रहे हैं, पर बहुधा इससे हम कुछ सीख नहीं पाते; बल्कि उलटे किसी एक ही सीढ़ी पर एक ही व्यक्ति में आसक्त हो जाते और बँध जाते हैं। कभी-कभी मनुष्य इस बन्धन से छूट भी जाते हैं।

इस संसार में मनुष्य सदा स्त्रियों के पीछे, धन के पीछे, मान के पीछे, दौड़ता, फिरता है। कभी-कभी उसे ऐसी जबरदस्त ठोकर लगती है कि उसकी आँख खुल जाती और उसे प्रतीत हो जाता है कि यह संसार यथार्थ में क्या है। इस संसार में कोई भी मनुष्य ईश्वर को छोड़ अन्य किसी वस्तु पर यथार्थ प्रेम नहीं कर सकता। मनुष्य को पता लग जाता है कि मानव-प्रेम हर तरह से पोला है निःसार है मनुष्य प्रेम कर नहीं सकता। वह तो केवल बातें ही करना जानता है। पत्नी कहती है कि मैं पति से प्रेम करती हूँ और ऐसा कहकर वह अपने पति का चुम्बन करती है। पर ज्योंही पति की मृत्यु हो जाती है तो सब के पहले उसका ध्यान अपने पति के जमा किये हुए बैंक के धन की ओर जाता है और वह सोचने लगती है कि कल मैं क्या करूँगी। पति पत्नी पर प्रेम करता है पर जब पत्नी बीमार हो जाती है और उसका रूप नष्ट हो जाता है या यौवनकाल बीतकर पत्नी को बुढ़ापा घेर लेता है अथवा पत्नी कोई भूल कर बैठती है तब पति उस पत्नी की चिन्ता करना छोड़ देता है। संसार के समस्त प्रेमप्रदर्शन में निरा दम्भ है, निःसारता है, खोखलापन है।

नाशवान् (सान्त) वस्तु प्रेम नहीं कर सकती और न नाशवान् (सान्त) वस्तु पर प्रेम ही किया जा सकता है। जब मनुष्य के प्रेम का पात्र हर क्षण मृत्यु-मुख में है और उस मनुष्य की आयुवृद्धि के साथ-साथ सदा उसके मन में भी परिवर्तन हो रहा है तो ऐसी अवस्था में संसार में शाश्वत प्रेम - स्थायी प्रेम - प्राप्त करने की आशा ही कहाँ हो सकती है? ईश्वर को छोड़ प्रेम कहीं अन्यत्र कैसे ठहर सकता है? तो फिर प्रश्न यह है कि इन भिन्न भिन्न प्रेमों का क्या प्रयोजन है? ये प्रेम केवल सीढ़ियाँ या सोपान मात्र हैं। इसके पीछे एक ऐसी शक्ति है जो हमें सदा यथार्थ प्रेम की ओर प्रेरित कर रही है। हमें पता नहीं कि हम यथार्थ वस्तु को कहाँ ढूँढ़े। पर यह प्रेम ही हमें उस मार्ग में - अर्थात्

उसकी खोज में - अग्रसर करा रहा है। बारम्बार हमें अपनी गलती सूझती हैं। हम एक वस्तु को ग्रहण करते हैं पर देखते हैं कि वह हमारी मुट्ठी में से निकली जा रही है, तब हम किसी दूसरी वस्तु को पकड़ लेते हैं। इसी प्रकार हम आगे ही आगे बढ़ते चले जाते हैं। एक दिन हमें प्रकाश दिखायी देता है और तब हम परमात्मा के पास पहुँच जाते हैं। वह ईश्वर ही एकमात्र प्रेमी है। उसके प्रेम में कभी कोई विकार नहीं होता और उसका प्रेम - हमें सदा अपने में लीन करने को प्रस्तुत रहता है। उसके प्रेम में कभी कोई अन्तर नहीं पड़ता और वह सदा हमें अपनाने को तैयार रहता है। यदि मैं तुम लोगों को कष्ट दूँ? तो तुम मुझे कब तक क्षमा करोगे? पर वह अवश्य क्षमा कर सकता है। उसके मन में क्रोध, घृणा या द्वेष है ही नहीं। वह अपनी समता कभी नहीं खोता। वह सदा समान व्यवहार रखता है। वह न कभी मरता है न कभी जन्म लेता है। ईश्वर के अतिरिक्त ऐसा कौन हो सकता है? पर ईश्वर-प्राप्ति का मार्ग बहुत लम्बा और बड़ा कठिन है। बहुत ही थोड़े लोग ईश्वर को प्राप्त करते हैं। हम सब तो हाथ-पैर पटकनेवाले बच्चे हैं। लाखों मनुष्य तो इस भक्तिमार्ग या धर्ममार्ग का रोजगार करते हैं। प्रत्येक व्यक्ति उसकी बातें करता है, पर बिरला ही उस भक्ति को प्राप्त कर पाता है। शताब्दी भर में इने- गिने मनुष्य ही ईश्वर के प्रेम को प्राप्त करते हैं। इन मनुष्यों से समस्त देश कृतार्थ और पवित्र हो जाता है, जैसे सूर्योदय से समस्त अन्धकार दूर हो जाता है। जब ईश्वर के भक्त का अवतार होता है तब सारा देश धन्य और पवित्र हो जाता है। यद्यपि सारे संसार में किसी शताब्दी में ऐसे भगवद्भक्त बहुत ही कम संख्या में जन्म लेते हैं, तथापि उस ईश्वर-प्रेम को प्राप्त करने का प्रयत्न हम सब को करना चाहिए। कौन जानता है कि ईश्वर का पूर्ण प्रेम तुमको या मुझको ही प्राप्त हो जाय! अतः हमें इसके लिए सदैव प्रयत्न करते रहना चाहिए। हम कहते हैं कि स्त्री अपने पति पर प्रेम करती है और स्त्री भी समझती है कि उसकी संपूर्ण आत्मा अपने पति में लीन है पर उसके जब एक पुत्र उत्पन्न होता है और उसके प्रेम का आधा या उससे भी अधिक अंश उस बालक की ओर खिंच जाता है तब उस स्त्री को स्वयं ऐसा मालूम होने लगता है कि अब पति की ओर उसका प्रेम उसी प्रकार का नहीं रहा। उसी तरह पिता के प्रेम को भी जानिये। हम सदैव देखते हैं कि जब हमें कोई अधिक प्रिय वस्तु प्राप्त हो जाती है तब हमारे पहले के प्रेम का धीरे धीरे लोप हो जाता है।

जब तुम पाठशाला में पढ़ते थे, तब समझते थे कि तुम्हारे कुछ सहपाठी ही तुम्हारे जीवन में सब से बढ़कर तुम्हारे प्रेमी है, या उस समय तुम्हारे माता-पिता ही तुम्हें सब से अधिक प्रिय थे। उसके बाद तुम पति या पत्नी बने और तुरन्त ही तुम्हारे पहले के वे भाव बदल गये और तुम्हारे जीवन के ये नये प्रेमी ही तुम्हारे सर्वोच्च प्रेम-पात्र बन गये। एक तारे का उदय होता है उसके बाद उससे बड़ा तारा उगता है तत्पश्चात् उससे भी बड़ा तारा दिखायी देता है और अन्त में सूर्य का दर्शन होता है। तब तमाम छोटे-छोटे आलोक-बिन्दु विलीन हो जाते हैं। परमात्मा मानो एक सूर्य है और ये छोटे-छोटे प्रेम-पात्र तारामण्डल। जब वह सूर्य प्रकट होता है, तब मनुष्य को उन्माद हो जाता है। ऐसे मनुष्य को श्री इमर्सन 'भगवत्येमोन्मत्त पुरुष' कहते हैं। अन्त में वह मनुष्य ईश्वररूप हो जाता है और समस्त पदार्थ उस प्रेम के समुद्र में डूब जाते हैं। साधारण प्रेम केवल पाशविक आकर्षण मात्र होता है; यदि ऐसा न होता, तो स्त्री-पुरुष के भेद की आवश्यकता ही क्या थी? कैसी विचित्र बात है कि यदि मूर्ति के सामने कोई घुटना टेकता है, तब तो वह कार्य घृणित मूर्तिपूजा कहलाता है और जब कोई अपने पति या पत्नी के पैरों पर गिरता है तो वह आदर्श कार्य समझा जाता है!

पर तुम्हें तो इन छोटे प्रेमों में से होकर ही जाना होगा। तुम्हें पहले अपना मार्ग परिष्कृत करना होगा। तुम अपने जीवन को जिस दृष्टि से देखोगे, उसी के आधार पर. तुम्हारे प्रेम का सारा सिद्धान्त अवलम्बित रहेगा। इस संसार को ही जीवन का अन्तिम ध्येय और साध्य मान लेना निरी पाशविक और अवनतिकारी भावना है। जो मनुष्य ऐसी भावना लेकर अपने जीवनपथ पर कदम रखता है, वह अपने को अवनत करता है, अपने आपको गिराता है। ऐसा मनुष्य कभी भी उन्नति नहीं कर सकता अपने को ऊँचा नहीं उठा सकता; वह कभी भी अपने में निहित उस दिव्य ज्योति का आभास प्राप्त नहीं कर सकता। वह तो सदा इन्द्रियों का ही दास बना रहेगा और केवल पूँजी बटोरने की ही खटपट करता रहेगा जिससे उसे खाने को कुछ रोटियाँ मिल जाया करें। ऐसी जिन्दगी से तो मर जाना ही बेहतर है!

ऐ इस संसार के गुलामो! इन्द्रियों के दासो! अपने को जागृत करो! इससे भी बढ़कर उच्च तत्त्व कुछ है। तुम क्या समझते हो कि यह मानव - यह अनन्त आत्मा - अपनी आँख, कान और नाक का गुलाम बनने के लिए ही पैदा हुआ है? इसके पीछे

एक अनन्त सर्वदर्शी आत्मा विद्यमान है, जो सब कुछ करने में समर्थ है जो समस्त बन्धनों को तोड़ सकती है। यथार्थ में हम ही वह आत्मा हैं और प्रेम के द्वारा ही यह शक्ति हमें प्राप्त होती है। अतः स्मरण रखो कि यही हमारा आदर्श है। पर यह आदर्श हमें कल ही प्राप्त होनेवाला नहीं है। भले ही हम कल्पना कर लें कि हमें वह आदर्श मिल गया, पर आखिर वह कल्पना मात्र ही तो होगी। वह आदर्श हमसे दूर - बहुत दूर - है। जिस अवस्था में मनुष्य अभी है; उसे यदि सम्भव हो तो, वहीं से आगे बढ़ने में सहायता देनी चाहिए। मनुष्य इस जड़-सृष्टि को यथार्थ मानता है। हम-तुम सभी जड़वादी हैं। हम ईश्वर के सम्बन्ध में, आत्मा के सम्बन्ध में बातें करते हैं सो ठीक हैं पर ये तो समाज में प्रचलित कुछ -शब्द मात्र ही हैं। हमने इन शब्दों को तोते की तरह रट लिया है और हम उन शब्दों का उच्चारण कर दिया करते हैं। अतः आज हम जिस जड़वाद की बुनियाद पर खड़े हैं उसका ध्यान रखना होगा। हमें जड़ वस्तुओं की सहायता भी लेनी होगी और इसी प्रकार क्रमशः धीरे धीरे आगे बढ़ना होगा-। तभी हम यथार्थ आत्मवादी बन सकेंगे; तभी हम अपने आपको यह अनुभव करने लगेंगे कि हम आत्मा है; तभी हम आत्मा को समझेंगे और हमें यह पता लगेगा कि यह संसार जिसे हम अनन्त कहा करते हैं, उस वस्तु का केवल स्थूल बाह्य रूप है जो उसके पीछे वर्तमान है।

परन्तु इसके सिवाय कुछ और भी आवश्यक है। आप लोगों ने बाइबल में ईसा मसीह के 'पर्वत पर दिये हुए उपदेश' (Sermon on the Mount)। में पढ़ा होगा - "माँगो और वह तुमको दे दिया जायगा; ढूंढ़ो और तुम पा जाओगे, दरवाजा खटखटा और वह तुम्हारे लिए खोल दिया जाएगा।" पर कठिनाई तो यह है कि ढूंढ़ता कौन है? चाहता कौन है? हम सब कहते हैं कि 'हम ईश्वर को जानते हैं। यदि एक मनुष्य यह सिद्ध करने के लिए कि 'ईश्वर नहीं है' एक बृहत ग्रन्थ लिखता है, तो दूसरा ईश्वर का अस्तित्व प्रमाणित करने के लिए एक दूसरा ग्रन्थ लिख डालता है। एक मनुष्य अपनी सारी उम्र ईश्वर का अस्तित्व सिद्ध करना ही अपना कर्तव्य समझता है, तो दूसरा उस मत का खण्डन करना ही उचित समझता है और इसलिए वह मनुष्यों को यही उपदेश देता फिरता है कि ईश्वर है ही नहीं। ईश्वर के अस्तित्व का खण्डन या मण्डन करने के

लिए पुस्तकें लिखने का क्या प्रयोजन? ईश्वर हो चाहे न हो इससे अधिकांश लोगों को मतलब क्या?

इस शहर के रहनेवाले अधिकांश मनुष्य प्रातःकाल उठते हैं और जलपान करते हैं। ईश्वर उन्हें कपड़ा पहनने या खाने में सहायता देने थोड़े ही आता है। मनुष्य काम करने के लिए जाता है, सारा दिन वह काम करता है और पैसे कमाता है अपना धन बैंक में जमा करता हैं और घर लौटता है भोजन करता है और सो जाता है। यह सब काम वह ठीक एक यन्त्र के सदृश करता रहता है। इन सब कामों को करते समय ईश्वर का कोई विचार उसके मन में नहीं आता। ईश्वर की कोई आवश्यकता उसे प्रतीत नहीं होती। ऐसा करते करते एक दिन काल आ पहुँचता है और पुकारता है "चलो!" उस समय वह मनुष्य कहता है, "जरा ठहरो, मुझे कुछ समय और चाहिए, मेरा बेटा सोहन थोड़ा बड़ा हो जाय।" परन्तु काल कहता है, "चलो तुरन्त चलो!" बस ऐसा ही हुआ करता है। वह बेचारा सोहन का बाप चला। उस, बेचारे से हम क्या कहें; अपनी जिन्दगी में उसे कभी कोई ऐसी चीज नहीं मिली, जो उसे बतला देती कि ईश्वर ही सर्वोत्तम पदार्थ है। संभवतः वह पूर्वजन्म में शूकर रहा हो और अब मनुष्ययोनि में जन्म लेकर अधिक अच्छी अवस्था में था।

पर इस बड़ी दुनिया में सब सोहन के ही पिता नहीं हैं। यहाँ कई ऐसे भी लोग हैं, जिनकी जागृति हो चुकी है। कोई विपत्ति आ पड़ती है, हमारे किसी प्रियतम की मृत्यु हो जाती है, जिस पर हमने अपनी सारी आत्मा समर्पित कर दी थी, जिसके लिए हम सारे संसार को, यहाँ तक कि अपने सगे भाई को भी ठगा करते थे, जिसके लिए हम तरह तरह के घृणित कार्य करते भी नहीं हिचकते थे, वही एक दिन मृत्यु के कराल गाल में प्रविष्ट हो जाता है, तब हमें एक जोरदार आघात पहुँचता है। हमारी आत्मा से एक आवाज निकलती है और पूछती है "कहो अब आगे क्या होगा?" जिस पुत्र को धनी बनाने के लिए पिता हर किसी को ठगता था यहाँ तक कि स्वयं भी भूखा रह जाता था, वही पुत्र एक दिन मर जाता है। तब उस आघात से पिता की आँखें खुल जाती हैं। जिस पत्नी की प्राप्ति के लिए वह सदा उन्मत्त साँड़ की तरह हरएक से झगड़ा करता फिरता था, जिसके लिए नये नये वस्त्र और अलंकार जुटाने के लिए वह धन

संचित करता था, वही पत्नी एक दिन अकस्मात् मर जाती है! तब क्या? हाँ, ऐसा भी होता है कि कभी कभी मृत्यु का दौर होता है और उससे कोई आघात नहीं पहुँचता, पर ऐसे प्रसंग बहुत कम होते हैं। जब हमारे प्रिय पदार्थ हमारे हाथ से खिसकते है तब हममें से अधिकांश चिल्ला उठते हैं "अब क्या होगा?" इन्द्रियों पर हमारी कैसी घोर आसक्ति है! आपने सुना ही है कि डूबता मनुष्य तिनके का सहारा पकड़ता है। मनुष्य पहले तो तिनके को ही पकड़ता है और जब वह तिनका उसको काम नहीं देता, तब पुकारता है, "मुझे कोई उबारो।" तो भी मनुष्यों को उच्चतर वस्तुओं की प्राप्ति होने के पूर्व अपने पिछले दुष्कर्मों का कडुआ फल अनुभव करना ही पड़ता है।

पर यह भक्ति एक 'धर्म' है। धर्म बहुत से लोगों की चीज नहीं होती। ऐसा होना असम्भव है। घुटनों की कवायत करके खड़े होना, बैठ जाना यह तो बहुतसे लोगों के करने की चीज हो सकती है पर 'धर्म' तो केवल थोड़े-से ही मनुष्यों की वस्तु होती है। प्रत्येक देश में प्रति सैकड़ा कुछ ही मनुष्य ऐसे होते हैं जो धार्मिक हो सकते हैं। शेष लोग धार्मिक नहीं हो सकते, क्योंकि वे जागृत होंगे ही नहीं; उन्हें इसकी आकांक्षा ही नहीं है। मुख्य बात है ईश्वरप्राप्ति की आकांक्षा या लालसा। सामान्यतः हमें ईश्वर के सिवाय अन्य सभी वस्तुओं की आकांक्षा होती है; क्योंकि हमारे सभी स्वार्थों की पूर्ति बाहरी संसार के द्वारा हो जाती है। और जब हमें इस बाह्य संसार के उस पार की चीजों की आवश्यकता होती है तभी हम उनकी पूर्ति अन्तःस्थ तत्त्व से या ईश्वर से करना चाहते हैं। हमारी आवश्यकताएँ जब तक इस भौतिक सृष्टि की संकुचित सीमा के भीतर की वस्तुओं तक ही परिमित रहती हैं तब तक हमें ईश्वर की कोई जरूरत नहीं पड़ती। जब हम यहाँ की हर एक चीज से ऊब जाते हैं, तभी हमारी दृष्टि अपनी आवश्यकताओं की पूर्ति के लिए इस सृष्टि के परे दौड़ती है। जब आवश्यकता होती है, तभी उसकी पूर्ति भी होती है। इसलिए इस संसार की बालक्रीड़ा से जितनी जल्दी हो सके निपट लो। तभी तुम्हें इस संसार के उस पार की वस्तु की आवश्यकता प्रतीत होगी और धर्म के प्रथम सोपान पर तुम कदम रख सकोगे।

धर्म का एक वह रूप है जो केवल फैशन (शौकीन प्रथा) हो गया है! मेरे मित्र की बैठक में सजावट की सामग्रियों में जापानी गमले हैं यह एक फैशन है अतः मुझे भी जापानी गमला रखना चाहिए। चाहे मुझे उसके लिए हजार रुपये भले ही खर्च करने पड़े। इसी तरह मैं फैशन के लिए धार्मिक बनता हूँ और किसी चर्च या धर्मसम्प्रदाय में

शामिल हो जाता हूँ। पर 'भक्ति' ऐसों के लिए नहीं है। भक्ति का उद्गम तो सच्ची 'आवश्यकता' (व्याकुलता) से होता है। 'आवश्यकता' वह है जिसके बिना जीना असम्भव हो। हमें हवा की आवश्यकता है, भोजन की आवश्यकता है, कपड़ों की आवश्यकता है; इनके बिना हम जी नहीं सकते।

जब मनुष्य इस संसार में किसी स्त्री से प्रेम करता है, तब कभी कभी उसे प्रतीत होता है कि उस स्त्री के बिना वह जी नहीं सकता, यद्यपि उसकी यह भावना मिथ्या है। जब पति मरता है, तब पत्नी समझती है कि मैं पति के बिना नहीं जी सकती, पर फिर भी वह जीती ही है। किसी वस्तु की आवश्यकता की जाँच यही है कि उस वस्तु के अभाव में जीना असम्भव हो जाय - या तो हमें उस वस्तु की प्राप्ति हो या उसके बिना हम मर जायें।

जब ऐसा समय आता है कि हमें ईश्वर के सम्बन्ध में ऐसा ही लगने लगता है, अर्थात् संसार के उस पार की किसी वस्तु की जरूरत हमें मालूम पड़ती है - ऐसी वस्तु जो इन समस्त जड़ या भौतिक शक्तियों से परे है, उनसे ऊपर है; तभी हम 'भक्त' बनते हैं। जब, मानो क्षण-भर के लिए बादल हट जाता है और हम इस संसार के उस पार की एक झलक पा जाते हैं, जब उस एक क्षण के लिए ये ऐहिक नीच वासनाएँ सिन्धु में एक बिन्दु के समान मालूम पड़ती हैं उस समय हमारे ये छोटे छोटे जीवन किस गिनती में हैं! ऐसे ही समय में आत्मा का विकास होता है उसे ईश्वर का अभाव खटकता है ईश्वर-प्राप्ति के लिए तीव्र उत्कंठा होती है और भगवान् को पाने के लिए वह छटपटाने लगती है।

अतः हमें क्या चाहिए यह जान लेना ही पहली सीढ़ी है। क्या हमें ईश्वर चाहिए? हम यह प्रश्न अपने तईं प्रतिदिन करें। तुम भले ही संसार की सारी पुस्तकें पढ़ जाओ; पर यह प्रेम वाक्शक्ति द्वारा प्राप्य नहीं है, न तीव्र बुद्धि से और न शास्त्रों के अभ्यास से ही। जिसे ईश्वर की चाह है, उसी को प्रेम की प्राप्ति होगी। उसी के पास भगवान् अपने आपको प्रकट करेंगे।[1] प्रेम सर्वदा पारस्परिक होता है और अपना प्रभाव प्रेमपात्र पर

---

[1] नायमात्मा प्रवचनेन लध्यो न मेधया न बहुना भुतेन।
यमेवैष वृणुते तेन लभ्यस्तस्यैष आत्मा विवृणुते तन स्वाम्।।

- कठोपनिषद् १-३-२३

डालता है। तुम भले ही मुझसे घृणा करो, पर यदि मैं तुमसे प्रेम करना आरम्भ कर दूँ? तो सम्भव है पहले-पहल तुम मुझे दूर भगाओ, पर यदि मैं तुमसे सतत प्रेम करता ही रहूँ? तो महीने या वर्षभर में तुम मुझसे अवश्य ही प्रेम करने लगोगे। यह एक सुप्रसिद्ध मनोवैज्ञानिक घटना है। जिस प्रकार की व्याकुलता से प्रेमिका स्त्री अपने मृत पति का चिन्तन करती है, उसी प्रकार के प्रेम से यदि हम ईश्वर-प्राप्ति के लिए व्याकुल हों, तो हमें ईश्वर की प्राप्ति अवश्य होगी। अनेकानेक अन्यों और शास्त्रों से हमें कोई विशेष शिक्षा नहीं मिल सकती। पुस्तकों को रटकर हम तोते बन जाते हैं। पुस्तकों को पढ़कर कोई यथार्थ विद्वान् नहीं हो सकता। जो मनुष्य 'प्रेम' का बस एक ही शब्द पढ़ लेता है, वह यथार्थ में विद्वान् बन जाता है। अतः हममें सर्वप्रथम व्याकुलता आने की जरूरत है। प्रतिदिन हम अपने आपसे यही प्रश्न करें - क्या हमें ईश्वर को प्राप्त करने की लालसा है? क्या हम ईश्वर को पाने के लिए व्याकुल हैं? जब हम धर्म की बातें करते हैं और खासकर जब हम ऊँचा आसन ग्रहण करके दूसरों उपदेश देने लगते हैं तब हमें अपने तईं यही प्रश्न पूछना चाहिए। मैं कई बार देखता हूँ कि मुझे ईश्वर की चाह नहीं है, मुझे रोटी की चाह उससे अधिक है। यदि मुझे एक टुकड़ा रोटी न मिले, तो मैं पागल हो जाऊँगा। हीरे की आलपीन बिना बहुतेरी सभ्य महिलाएँ पागल हो जाएँगी। पर स्पष्ट है कि उन्हें ईश्वर-प्राप्ति के लिए इसी प्रकार की लालसा नहीं है। विश्व के उस एकमात्र यथार्थ वस्तु का उन्हें ज्ञान नहीं है।

हमारी भाषा में एक कहावत प्रचलित है - "मारै तो हाथी लुटे तो भाण्डार।" भिखारियों को लूटकर या चींटियों का शिकार करके क्या लाभ हो सकता है? अतः यदि प्रेम करना है, तो ईश्वर से प्रेम करो; इन सांसारिक वस्तुओं की क्या परवाह है? मैं स्पष्टवक्ता हूँ, पर बातें तुम्हारी भलाई की ही कहूँगा। मैं तुमसे सच्ची बातें ही कहना चाहता हूँ मैं तुम्हारी चापलूसी नहीं करना चाहता, चालपूसी करना मेरा काम नहीं। तुम मेरे बच्चों के सदृश हो। मैं तुमसे सच्ची बात कहना चाहता हूँ। यह संसार बिलकुल मिथ्या है। संसार के सभी आचार्य इसी नतीजे पर पहुँचे हैं। इस संसार से निकलने का मार्ग ईश्वर के अतिरिक्त और दूसरा नहीं है। वही (ईश्वर) हमारे जीवन का ध्येय है। वे मत जो संसार को जीवन का ध्येय बताते हैं अनर्थकारी हैं। हाँ इस संसार और इस शरीर का भी मूल्य है, पर उनका मूल्य गौण है। संसार और शरीर हमारे साध्य

(ईश्वर) की प्राप्ति के साधन मात्र हैं। संसार ही हमारा साध्य नहीं बन जाना चाहिए। दुर्भाग्यवश हम अनेक बार संसार को, साध्य वस्तु और ईश्वर को उसका साधन बना बैठते हैं। हम देखते हैं लोग गिर्जाघर में जाकर कहा करते हैं "हे ईश्वर! मुझे यह वस्तु दे, वह वस्तु दे। हे ईश्वर! मेरी बीमारी अच्छी कर दे।" उनको तो चाहिए सुन्दर निरोगी शरीर और उन्होंने सुन रखा है कि ऐसा कोई व्यक्ति एक एक जगह बैठा है जो उनके इस काम को कर देगा; इसलिए वे जाते हैं और उससे प्रार्थना करते हैं। धर्म के ऐसे विचार रखने की अपेक्षा नास्तिक होना बेहतर है। जैसा मैं बता चुका हूँ? यह 'भक्ति' सर्वोच्च आदर्श है। मैं कह नहीं सकता कि भविष्य में करोड़ों वर्षों से भी हमें उस आदर्श (या भक्ति) की प्राप्ति होगी या नहीं। पर हमें तो उस (भक्ति) को अपना सर्वोच्च आदर्श बनाना ही चाहिए और अपनी समस्त इन्द्रियों को उस सर्वोच्च आदर्श की ओर ही लक्ष्य करने में लगा देना चाहिए। इससे यदि हमें अपने साध्य की प्राप्ति न भी होगी तो कम से कम हम उसके अधिक निकट तो अवश्य पहुँच जायेंगे। संसार और इन्द्रियों में से ही धीरे धीरे अपना रास्ता बनाते हुए हमें ईश्वर तक पहुँचना है।

* * *

भक्ति के आचार्य

यह निश्चित है कि प्रत्येक आत्मा को पूर्णता की प्राप्ति होगी और अन्त में सभी प्राणी उस पूर्णावस्था का लाभ करेंगे। हमारी वर्तमान अवस्था हमारे पिछले कार्यों और विचारों का परिणाम है तथा हमारी भविष्य की अवस्था हमारे वर्तमान कार्यों और विचारों पर अवलम्बित रहेगी। ऐसा होते हुए भी हमारे लिए दूसरों से सहायता प्राप्त करने का मार्ग बन्द नहीं है। दूसरों की सहायता पाने से आत्मशक्तियों का विकास अधिक तेजी से होता है। यहाँ तक कि संसार में अधिकांश मनुष्यों को दूसरों की सहायता की प्रायः अनिवार्य रूप से आवश्यकता हुआ करती है अर्थात् दूसरों की सहायता के बिना उनकी उन्नति हो ही नहीं सकती।

जागृत करनेवाला प्रभाव बाहर से आता है और वह हमारी अन्तःस्थित गूढ़ शक्तियों को जगा देता है। तभी से हमारी उन्नति का श्रीगणेश होता है आध्यात्मिक जीवन का आरम्भ होता है और अन्त में हम पवित्र और पूर्ण बन जाते हैं। यह जगानेवाली शक्ति जो बाहर से आती है, हमें पुस्तकों से प्राप्त नहीं हो सकती एक आत्मा दूसरी आत्मा से ही जागृति लाभ कर सकती है किसी अन्य वस्तु से नहीं। हम जन्म-भर पुस्तकों का अध्ययन करते रहें और बड़े बुद्धिशाली भी हो जायें पर अन्त में हम देखेंगे कि हमारी आत्मा की कुछ भी उन्नति नहीं हुई है। यदि किसी मनुष्य का बौद्धिक विकास उच्च श्रेणी का है तो उससे यह होना, आवश्यक नहीं कि उसकी आत्मिक उन्नति भी उसी श्रेणी की हो। प्रत्युत इसके विपरीत प्रायः हम यही देखते हैं कि आत्मा की शक्ति का व्यय करके ही बुद्धि की इतनी अधिक उन्नति हुई है।

बुद्धि की उन्नति करने में तो हमें पुस्तकों से बहुत सहायता प्राप्त होती है पर आत्मा की उन्नति करने में पुस्तकों की सहायता प्रायः नहीं के बराबर ही रहती है। अर्थों का अध्ययन करते करते कभी-कभी हम भ्रमवश ऐसा सोचने लगते है कि हमारी आध्यात्मिक उन्नति में इस अध्ययन से सहायता मिल रही है। पर जब हम अपना

आत्मनिरीक्षण करते हैं, तब पता लगता है कि अन्यों से केवल हमारी बुद्धि को सहायता मिल रही है, आत्मा को नहीं। यही कारण है कि हम लोग आध्यात्मिक विषयों पर आश्चर्यपूर्ण व्याख्यान तो दे सकते है, पर जब तदनुसार कार्य करने का अवसर आता है तो हम अपने को बिलकुल निकम्मे पाते हैं। कारण यह कि जो बाह्य शक्ति हमें आत्मोन्नति के पथ में आगे बढ़ाती है वह हमें पुस्तकों द्वारा नहीं मिल सकती। आत्मा को जागृत करने के लिए ऐसी शक्ति किसी दूसरी आत्मा से ही प्राप्त होनी चाहिए। जिस आत्मा से यह शक्ति मिलती है, उसे गुरु या आचार्य कहते हैं और जिस आत्मा को यह शक्ति प्रदान की जाती है वह शिष्य या चेला कहता है।

इस शक्ति को प्रदान करने के लिए पहले तो आवश्यक है कि जिस आत्मा से यह शक्ति संचालित होती है, उस आत्मा में उस शक्ति को अपने पास से दूसरे में मानो डाल देने या पहुँचा देने की योग्यता हो, और दूसरी आवश्यकता यह है कि जिसको वह शक्ति दी जाती है अर्थात् जिस आत्मा में वह शक्ति संचारित की जाती है, वह आत्मा उस शक्ति को ग्रहण करने की योग्यता रखती हो। अर्थात् योग्य सदगुरु और सत्पात्र शिष्य हो। बीज सजीव हो और खेत अच्छी तरह से जुता हुआ हो। और जब ये दोनों शर्तें पूरी हो जाती है तब धर्म की आश्चर्यजनक उन्नति होती है। "धर्म का वक्ता अलौकिक हो और श्रोता भी वैसा ही हो। '' और जब दोनों अलौकिक या असाधारण होंगे, तभी अत्युत्तम आत्मिक उन्नति सम्भव है, अन्यथा नहीं। ऐसे ही लोग यथार्थ गुरु हैं और ऐसे ही लोग यथार्थ शिष्य। अन्य तो मानो धर्म का केवल खिलवाड़ करते हैं। वे थोड़ा-सा बौद्धिक प्रयास तथा कुछ कुतूहलपूर्ण शंकाओ का समाधान करते रहते हैं। उनके बारे में हम कह सकते है कि वे मानो धर्मक्षेत्र की केवल बाहरी परिधि पर खड़े हैं। पर उसकी भी कुछ न कुछ सार्थकता है - समय आने पर ही सब कुछ प्राप्त होता है।

प्रकृति का यह रहस्यपूर्ण नियम है कि खेत तैयार होते ही बीज मिलता ही है। ज्योंही आत्मा को धर्म की आवश्यकता होती है, त्योंही धार्मिक शक्ति का देने वाला कोई न कोई आना ही चाहिए। "खोज करनेवाले पतित की खोज करनेवाले उद्धारक से भेंट हो ही जाती है।" जब ग्रहण करनेवाली आत्मा की आकर्षण-शक्ति पूर्ण और

परिपक्व हो जाती है, उस समय उस आकर्षण को उपयोग में लानेवाली शक्ति आनी ही चाहिए।

पर मार्ग में बड़ी बाधाएँ भी हैं। आशंका इस बात की रहती है कि ग्रहीता आत्मा (शिष्य) अपने क्षणिक आवेश को यथार्थ धार्मिक पिपासा समझने लगता है। कई बार हमारे जीवन में ऐसी घटनाएँ पायी जाती हैं कि जिस व्यक्ति पर हमारा बहुत प्रेम है, वह अचानक मर जाता है। उसकी मृत्यु से हमें क्षण भर के लिए धक्का पहुंचता है। हम सोचने लगते हैं कि यह संसार हमारी उँगलियों में से खिसका जा रहा है, और उस समय हम संसार से किसी उच्चतर वस्तु की इच्छा करने लगते है। उस समय हमें धार्मिक होने की जरूरत मालूम पड़ने लगती है। पर कुछ दिनों के बाद वह तरंग निकल जाती है और हम जहाँ के तहाँ पड़े रह जाते हैं। हमें अनेकों बार इन आवेशों में धर्म की सच्ची पिपासा का भ्रम हो जाता है। पर जब तक इन क्षणिक आवेशों में हमें इस प्रकार का भ्रम होता रहेगा, तब तक हमारी आत्मा की वह सतत यथार्थ पिपासा जागृत नहीं होगी और हमें 'शक्तिदाता' (गुरु) प्राप्त न होंगे।

अतः हम जब यह शिकायत करें कि हमें सत्य की प्राप्ति नहीं हुई है, यद्यपि हम उसकी प्राप्ति के लिए इतने व्याकुल हैं, उस समय हमारा प्रथम कर्तव्य यह होना चाहिए कि हम आत्मनिरीक्षण करें और बारीकी से पता लगायें कि क्या हमें वास्तव में उस (सत्य या धर्म) की पिपासा है? कई बार तो यही दिखेगा कि हम ही उसके योग्य नहीं हैं, हमें अभी धर्म की आवश्यकता ही नहीं है, हममें अभी यथार्थ आध्यात्मिक पिपासा का अभाव है।

'शक्तिदाता' गुरु के लिए तो और भी अधिक कठिनाइयाँ होती है। ऐसे अनेक होते हैं, जो स्वयं तो अज्ञान में डूबे हुए रहते हैं पर अन्तःकरण में अहंकार भरे रहने के कारण अपने को सर्वज्ञ समझते हैं। इतना ही नहीं, वे दूसरों का भार अपने कन्धे पर उठाना चाहते हैं और इस प्रकार 'अन्धा अन्धे को राह दिखावे' वाली कहावत चरितार्थ करते हुए अपने साथ उन्हें भी गढ्ढों में ले गिरते है। संसार में ऐसों की ही भरमार है। हर कोई गुरु होना चाहता है। प्रत्येक भिखारी लक्ष मुद्रा का दान करना चाहता है! जैसे ये भिखारी हँसी के पात्र हैं, वैसे ही ये गुरु भी।

तब प्रश्न यह है कि गुरु की पहचान हमें कैसे हो? सूर्य को दिखाने के लिए मशाल या दीपक की आवश्यकता नहीं होती। सूरज को देखने के लिए हम मोमबत्ती नहीं जलाते। सूर्य का उदय होते ही उसके उदय होने का ज्ञान हमें स्वभावतः ही हो जाता है। उसी प्रकार जब हमें सहायता देने के लिए किसी जगदगुरु का आगमन होता है, तब आत्मा को अपने स्वभाव से ही ऐसा लगने लगता है कि उसे सत्य का पता लग गया है।

सत्य स्वयं-सिद्ध होता है। उसे सिद्ध करने के लिए किसी अन्य प्रमाण की आवश्यकता नहीं होती। सत्य स्वयं-प्रकाशमान् होता है। वह हमारी प्रकृति की अन्तरतम गुहाओं तक को भेद देता है और सारी सृष्टि चिल्ला उठती है, "यही सत्य है। '' महान् आचार्य ऐसे ही होते हैं। पर हम तो इनकी अपेक्षा छोटे आचार्यों से भी सहायता पा सकते हैं। किन्तु जिनके पास से हम दीक्षा लेना चाहते हैं या हम जिन्हें गुरु बनाना चाहते हैं उनके विषय में ठीक या उचित राय कायम कर सकने के लिए पर्याप्त अन्तःशक्ति हममें बहुधा नहीं होती, इसलिए कुछ कसौटी की आवश्यकता है।

जिस प्रकार शिष्य में कुछ लक्षणों का रहना आवश्यक है, उसी प्रकार गुरु में भी कुछ लक्षण होने चाहिए। पवित्रता, यथार्थ ज्ञान-पिपासा और उद्योगशीलता - ये लक्षण शिष्य में अवश्य हों। अपवित्र आत्मा कभी धार्मिक नहीं हो सकती। सबसे बड़ी आवश्यकता इसी पवित्रता की है। सब प्रकार की पवित्रता नितान्त आवश्यक है। दूसरी आवश्यकता इस बात की है कि शिष्य को शान-प्राप्ति की यथार्थ पिपासा हों। प्रश्न यही है कि चाहता कौन है। हमें जो चाहिए सो मिलता है, यह पुराना नियम है। जो खोजे सो पावे। धर्म की आकांक्षा होना बड़ी कठिन बात है। इसे हम साधारणतः जितना सरल समझते हैं, वह उतनी सरल नहीं है। फिर हम यह तो भूल ही जाते हैं, कि कथाएँ सुनना या पुस्तकें पढ़ना धर्म नहीं है। धर्म तो एक सतत युद्ध है। स्वयं अपनी प्रकृति का दमन करते रहना, जब तक उस पर विजय प्राप्त न हो जाय तब तक निरन्तर लड़ते रहना - इसी का नाम धर्म है। यह एक यादों दिन कुछ वर्षों या जन्मों का प्रश्न नहीं है। इसमें तो सैकड़ों जन्म बीत जाएँ तो भी हमें इसके लिए तैयार रहना चाहिए। सम्भव है हमें अपनी प्रकृति पर तुरन्त विजय मिल जाए; या सम्भव है सैकड़ों जन्म

तक हमें यह विजय प्राप्त न हो; पर हमें इसके लिए तैयार रहना आवश्यक है। जो शिष्य इस दृढ़निश्चय के साथ अग्रसर होता है उसकी सफलता अवश्यम्भावी है।

गुरु में पहले तो यह देखना चाहिए कि वे शास्त्रों के मर्म को जानते हों। सारा संसार बाइबिल वेद कुरान आदि धर्मशास्त्रों को पढ़ा करता है पर ये सब तो केवल शब्दसमूह व्याकरण के नियमसूत्रों द्वारा संगठित वाक्यरचना, शब्दरचना और शब्दशास्त्र ही हैं। ये तो धर्म की सूखी नीरस अस्थियाँ मात्र हैं। गुरु चाहे किसी ग्रन्थ का काल-निर्णय कर लें, पर शब्द तो वस्तुओं की बाहरी आकृति मात्र है। जो शब्द की ही उलझन में अधिक पड़े रहते हैं और अपने मन को शब्दों की शक्ति में ही दौड़ाया करते हैं, वे भाव को खो बैठते हैं। इसीलिए गुरु को धर्मशास्त्रों के मर्म को जानना आवश्यक है। शब्दों का जाल बड़े अरण्य के समान है, जहाँ मनुष्य का मन रास्ता भूल जाता है और बाहर निकलने का मार्ग नहीं पाता। "'शब्दयोजना की विभिन्न रीतियाँ, सुन्दर भाषा बोलने की विभिन्न शैलियों, शास्त्रों के अर्थ समझाने के अनेक रूप - ये सब विद्वानों के आनन्दभोग की वस्तुएँ हैं। इनसे किसी को मुक्ति नहीं मिल सकती।"[1] जो लोग इन सबका प्रयोग करते हैं वे तो अपने पाण्डित्य का प्रदर्शन करने के लिए ही ऐसा करते हैं, जिससे संसार उनकी स्तुति करे, और यह जाने कि ये विद्वान् हैं। तुम देखोगे कि संसार के किसी भी महान् आचार्य ने शास्त्र के वाक्यों के अनेक अर्थ नहीं किये। उन लोगों ने शब्दों की खींचातानी का कोई प्रयत्न नहीं किया। उन्होंने यह नहीं कहा कि इस शब्द का अर्थ अमुक है और इस शब्द तथा उस शब्द के बीच इस प्रकार का सम्बन्ध है। संसार में जितने महान आचार्य हुए हैं उनका चरित्र अध्ययन करो। किसी भी आचार्य ने इस मार्ग का अवलम्बन नहीं किया। फिर भी इन्हीं आचार्यों ने यथार्थ शिक्षा दी। और दूसरे लोगों ने जिनके पास सिखाने को कुछ नहीं था, एक ही शब्द को ले लिया और उस शब्द की चलति, उस शब्द का प्रथम उपयोग किन

---

[1] वाग्वैखरी शब्दझरी शासव्याख्यानकौशलम्।
वैदुष्य विदुषां तद्वद् मुक्तये न तु मुक्तये।।

- विवेकचूड़ामणि, ६०

मनुष्यों ने किया वे लोग क्या खाते थे और कैसे सोते थे आदि आदि विषयों पर तीन तीन जिल्दों की पोथी रच डाली!

मेरे गुरुदेव मुझसे एक कथा कहा करते थे। एक बार कुछ मनुष्य आम के बाग में गये। उनमें से बहुतेरे तो आम के पेड़ों की पत्तियाँ गिनने, पत्तों के रंग जाँचने शाखाओं की मोटाई नापने तथा उनकी संख्या गिनने इत्यादि में लगे रहे। उन लोगों ने सब बातों की टिप्पणी भी तैयार कर ली और वहाँ इन भिन्न-भिन्न विषयों पर एक मनोरंजक बहस भी छिड़ गयी! पर उनमें से एक मनुष्य - जो इन सबसे अधिक बुद्धिमान था, इन सभी से अलग रहा और उसने अपना सारा समय आम खाने में लगाया। अब बताओ इन सब में ज्यादा होशियार कौन था? अतः पत्ते और शाखाओं की गिनती करना और टिप्पणी तैयार करना दूसरों के लिए छोड़ दो। इन सब, कार्यों का महत्त्व अपने उपयुक्त स्थान में भले ही हो, पर इस धार्मिक क्षेत्र में तो इसकी कोई कीमत नहीं है। ऐसे कामों से मनुष्य धार्मिक नहीं बन सकते। इन 'पत्ते गिननेवालों' में तुम्हें अच्छा धार्मिक शक्तिसम्पन्न मनुष्य कदापि नहीं मिल सकता। मनुष्य का सर्वोपरि उद्देश्य, सर्वश्रेष्ठ पराक्रम धर्म ही है और यह सब से आसान है। उसमें 'पत्ते गिनने' की कोई आवश्यकता नहीं है। यदि तुम ईसाई होना चाहते हो, तो यह जानना आवश्यक नहीं कि ईसा मसीह कहाँ पैदा हुए थे - जेरूसलम में या बेथलेहम में; अथवा उन्होंने 'पर्वत पर का उपदेश' ठीक किस तारीख को सुनाया था। तुम्हें तो केवल उस 'पर्वत पर के उपदेश' के अनुभव करने की आवश्यकता है। यह उपदेश किस समय दिया गया इस विषय में दो हजार शब्द पढ़ने की जरूरत नहीं। वह सब तो विद्वानों के आनन्द के लिए है। उन्हें उसे भोगने दो; 'तथास्तु' कह दो और आओ हम आनन्द से 'आम खाने' में लगे रहें।

दूसरी आवश्यकता यह है कि गुरु निष्पाप हों। इंग्लैंड में मुझसे एक मित्र पूछने लगे "क्या गुरु के चरित्र की ओर हमें देखना चाहिए, या उनके उपदेशों का ही विचार करके उन्हें ग्रहण कर लेना चाहिए?" नहीं, ऐसा ठीक नहीं। यदि कोई मनुष्य मुझे गतिशास्त्र, रसायन-शास्त्र या कोई अन्य भौतिक विज्ञान सिखाना चाहता है तब तो उस शिक्षक का आचरण चाहे जैसा भी हो, वह मुझे इन विषयों की शिक्षा दे सकता है, क्योंकि इन विषयों को सिखाने के लिए केवल बौद्धिक ज्ञान की आवश्यकता है।

केवल बुद्धि-वैभव द्वारा ही इन विषयों की शिक्षा दो जा सकती है, क्योंकि इन विषयों में आत्मा की जरा-स्त्री भी उन्नति हुए बिना मनुष्य में बुद्धि की महान् शक्ति का उत्पन्न होना सम्भव है। पर आध्यात्मिक विज्ञान के सम्बन्ध में तो आदि से अन्त तक यह कभी भी सम्भव नहीं कि अपवित्र आत्मा में धर्म की ज्योति का प्रकाश रहे। अतः ऐसी अवस्था में वह सिखलायगा ही क्या? वह तो कुछ जानता ही नहीं। पवित्रता ही आध्यात्मिक सत्य है। "पवित्र हृदयवाले धन्य हैं क्योंकि वे ईश्वर का दर्शन करेंगे।" इस एक वाक्य में सब धर्मों का निचोड़ है। यदि तुम इतना ही सीख लो तो भूतकाल में जो कुछ इस विषय में कहा गया है और भविष्यकाल में जो कुछ कहा जा सकता है उस सबका शान तुम प्राप्त कर लोगे। तुम्हें और किसी ओर दृष्टिपात करने की जरूरत नहीं, क्योंकि तुम्हें उस एक वाक्य से ही सभी आवश्यक वस्तुओं की प्राप्ति हो चुकी। यदि संसार के सभी धर्म-शास्त्र नष्ट 'हो जायें तो अकेले इस वाक्य से ही संसार का उद्धार हो सकता है। आत्मा के पवित्र हुए बिना, ईश्वर का दर्शन, उस परम तत्त्व की झाँकी कभी मिल सकती। इसीलिए धर्म की शिक्षा देने वाले गुरु में पवित्रता का होना परम आवश्यक है। पहले हमें यह देखना चाहिए कि वे (गुरु) 'क्या करते हैं' उनका चरित्र कैसा है, और तदुपरान्त वे 'क्या कहते हैं' उनका उपदेश क्या है, सो सुनना चाहिए। बुद्धि सम्बन्धी विषयों के आचार्य के पक्ष में यह बात आवश्यक नहीं है। वहाँ तो उनके चरित्र की अपेक्षा उनके उपदेश से ही अधिक मतलब रहता है। पर धार्मिक गुरु के विषय में हमें पहले देख लेना चाहिए कि वे कैसे हैं। क्या वे पवित्र हैं? और यदि वे पवित्र हैं, तभी उनके उपदेश का मूल्य है तभी उनके उपदेश का असर होगा; क्योंकि गुरु में वह आध्यात्मिक शक्ति न हो तो वह शिष्य में किसका संचार करेगा? गुरु के मन का एक प्रकार का कारण शिष्य के मन में प्रविष्ट किया जाता है। उपमा द्वारा देखिये। यदि गर्मी पहुँचानेवाला पदार्थ स्वयं गरम हो, तभी वह गर्मी की शक्ति दूसरे पदार्थ में पहुँचा सकेगा अन्यथा नहीं। यहाँ तो एक के पास से निकालकर दूसरे में शक्ति डाल देने का प्रश्न है। केवल हमारी बुद्धि की वृत्तियों को उत्तेजित करने की तो बात है नहीं। कोई यथार्थ तथा प्रत्यक्ष वस्तु गुरु के पास से निकलकर शिष्य के पास जाती है। इसी कारण सर्वप्रथम यह आवश्यक है कि गुरु सच्चा हो।

तीसरी बात है उद्देश्य। हमें देखना चाहिए कि गुरु अपना नाम कमाने, कीर्ति पाने अथवा अन्य किसी ऐसे उद्देश्य से तो उपदेश नहीं देते है। क्या वे केवल शिष्य के प्रति शुद्ध प्रेम से परिचालित होकर उपदेश देते? कारण, केवल प्रेम के ही माध्यम द्वारा गुरु

से शिष्य में आध्यात्मिक शक्तियों का संचार किया जा सकता है। अन्य किसी माध्यम द्वारा इन शक्तियों का संचार नहीं हो सकता। अर्थ - प्राप्ति या कीर्ति-लाभ आदि किसी अन्य उद्देश्य से उपदेश देने पर संचारकमाध्यम का नाश हो जाता है। अतः यह सब प्रेम द्वारा ही होना चाहिए। जिसने ईश्वर को जान लिया है, वही गुरु हो सकता है। जब तुमने यह देख लिया कि गुरु में ये आवश्यक बातें वर्तमान हैं, तो फिर तुम्हें कोई डर नहीं। और यदि ये बातें गुरु में नहीं हैं, तो उनसे उपदेश लेने में कोई भलाई नहीं, वरन् उलटे खतरे की आशंका है। कारण यदि वे सद्भाव का संचार नहीं कर सकते, तो उनसे दुर्भाव के ही संचार होने का डर रहता है। इस बात की सावधानी रखनी चाहिए। अतः यह स्वाभाविक निष्कर्ष है कि हम किसी भी ऐरे-गैरे से उपदेश नहीं ले सकते। नदी-नाले उपदेश करते हैं, पत्थर उपदेश करते हैं'[1] यह काव्यालंकार की दृष्टि से ठीक हो सकता है, पर जिसके भीतर सत्य नहीं है, वह सत्य का अणुमात्र भी उपदेश नहीं दे सकता।

नदी-नालों से उपदेश किसको मिलता है? उसी मानव- आत्मा को, जिसका जीवन-कमल सच्चे गुरु के पास से आनेवाले प्रकाश द्वारा पहले ही विकसित ही चुका है। जब अन्तःकरण खुल चुका होता है, तब उसे नालों पत्थरों अथवा अन्य वस्तुओं से भी उपदेश प्राप्त हो सकता है, उनसे धार्मिक शिक्षा मिल सकती है। पर जो हृदय खुला नहीं है बन्द है, उसे तो नाले और पत्थर अपने उस रूप में दिखेंगे। अन्धा आदमी अजायबघर भले ही चला जाय, पर उसे वहाँ जाने से कोई लाभ नहीं। पहले उसकी आंखें खुलनी चाहिए और तब उसके बाद ही वह कुछ सीख सकेगा। गुरु ही धर्म की आंखों का खोलनेवाला - दिव्य दृष्टि देनेवाला है। अतः गुरु के साथ हमारा सम्बन्ध पूर्वज और वंशज का, पिता और पुत्र का होता है। गुरु धार्मिक पूर्वज (धर्मपिता) और चेला उसका धार्मिक वंशज (धर्मपुत्र) होता है। स्वाधीनता और स्वतन्त्रता की बातें

---

[1] And this our life exempt from public haunt finds tongues in trees, books in the running brooks, sermons in stones and good in everything.

Shakespeare. As you like it.II.i.

चाहे जितनी अच्छी लगें पर विनय, नम्रता भक्ति श्रद्धा और विश्वास के बिना कोई धर्म नहीं रह सकता।

यह उल्लेखनीय बात है कि जहाँ गुरु और शिष्य में ऐसा सम्बन्ध होता है, वहीं महान् आध्यात्मिक आत्माओं की वृद्धि होती है, पर जिन लोगों ने ऐसे सम्बन्ध को तोड़ दिया है, उनके लिए धर्म तो केवल एक दिल-बहलाव या मनोरंजन की वस्तु है। उन सब राष्ट्रों और धर्मावलम्बियों में, जहाँ गुरु और शिष्य में यह सम्बन्ध विद्यमान नहीं है आध्यात्मिकता प्रायः नहीं के बराबर है। गुरु शिष्य के बीच उक्त भाव के बिना आध्यात्मिकता कदापि नहीं आ सकती। वहाँ प्रथम तो कोई देनेवाला - संचार करनेवाला ही नहीं है और दूसरे ग्रहण करनेवाला या जिसके भीतर संचार किया जाय ऐसा भी कोई नहीं है; क्योंकि वे तो एक दूसरे से स्वतन्त्र हैं। वे सीखेंगे किससे? यदि वे सीखने आते हैं तो असल में विद्या खरीदने आते हैं। हमें एक रुपये का धर्म दो, हम क्या उसके लिए एक रुपया खर्च नहीं कर सकते? विचारणीय बात है कि इस प्रकार धर्म की प्राप्ति नहीं हो सकती।

आध्यात्मिक गुरु के देने से जो शान आत्मा को प्राप्त होता है उससे उच्चतर एवं पवित्र वस्तु और कुछ नहीं है। यदि मनुष्य पूर्ण योगी हो चुका है तो वह अवस्था उसे अपने आप ही प्राप्त हुई होती है। वह पुस्तकों द्वारा प्राप्त नहीं हो सकती। तुम अपना सिर दुनिया के चारों कोनों में - हिमालय, आल्प्स, काकेशस पर्वत अथवा गोबी या सहारा की मरुभूमि या समुद्र की तली में - जाकर पटको, पर बिना गुरु मिले तुम्हें वह ज्ञान प्राप्त नहीं हो सकता। गुरु की खोज करो, बालकवत् उनकी सेवा करो उनका प्रसाद (प्रभाव) ग्रहण करने के लिए अपना हृदय खोल रखो ,उनमें परमात्मा के रूप का दर्शन करो। हमारा ध्यान गुरु के प्रति उन्हें ईश्वर का सर्वश्रेष्ठ रूप समझकर बना रहे और ज्यों ज्यों उनमें हमारी यह ध्यान-शक्ति एकाग्र होगी, त्यों त्यों गुरु के मानव-रूप का चित्र विलीन हो जायगा मानव-शरीर का लोप हो जायगा और यथार्थ ईश्वर ही वहाँ स्त्री, रह जायगा। सत्य की ओर जो इस भक्ति-भाव और प्रेम से अग्रसर होते हैं उनके प्रति सत्य के भगवान् परम अछूत वचन कहते हैं।अपने पैरों से जूते अलग कर दो क्योंकि जिस जगह तुम खड़े हो वह स्थान पवित्र है। '' जिस स्थान में उनका (भगवान् का) नाम लिया जाता है, वह स्थान पवित्र है तब जो मनुष्य उनका नाम लेता है, वह

कितना अधिक पवित्र न होगा! अतः जिस मनुष्य के पास से आध्यात्मिक सत्यों की प्राप्ति होती है उनके निकट हमें कितनी श्रद्धा और भक्ति के साथ पहुँचना उचित है! इसी भाव से हमें शिक्षा ग्रहण करनी है। इसमें कोई सन्देश नहीं कि ऐसे गुरु इस संसार में कम मिलते हैं, पर ऐसा भी नहीं है कि सृष्टि उनसे बिलकुल शून्य हो। जिस क्षण यह संसार ऐसे गुरुओं से रहित हो जाएगा, उसी क्षण इसका अन्त हो जाएगा। यह घोर नरक बनकर झड़ जाएगा। ये गुरु ही मानव-जीवन के सुन्दर तथा अनुपम पुष्प हैं जो संसार को चला रहे हैं। उन्हीं की शक्ति ने समाज के बन्धनों को सुरक्षित रखा है।

इनसे परे और भी एक श्रेणी के आचार्य हैं जो, ईसा मसीह की श्रेणी के हैं। वे 'गुरुओं के भी गुरु' होते हैं - स्वयं भगवान् मनुष्य के रूप में आते हैं। वे बहुत श्रेष्ठ होते हैं और अपने स्पर्श या इच्छा मात्र से दूसरों के भीतर धार्मिकता एवं पवित्रता का संचार कर देते है। ये बिलकुल अधम और अत्यन्त चरित्रहीन मनुष्य को भी क्षण-भर में सच्चरित्र साधु बना देते हैं। क्या इस प्रकार के अनेक दृष्टान्त हमने नहीं पड़े हैं जिनसे हमें विदित हुआ है कि वे ऐसे कार्य किस प्रकार किया करते थे? मैं उपर्युक्त गुरुओं के सम्बन्ध में नहीं कह रहा हूँ। ये तो सब गुरुओं के भी गुरु हैं। वे भगवान् के अवतार हैं। इन्हीं रूपों में भगवान् ने स्वयं अपने को मनुष्यों के कल्याणार्थ प्रकट किया है। हम इनके बिना भगवान् के दर्शन और किसी तरह नहीं कर सकते। हम इनकी पूजा किये बिना नहीं रह सकते; ये ही ऐसी विभूतियाँ हैं जिनकी पूजा करने को हम बाध्य हैं।

भगवान् के इन अवतारों की कृपा एवं सहायता बिना भगवान् के 'दर्शन' किसी मनुष्य ने नहीं किये हैं। हम ईश्वर को देख नहीं सकते। यदि हम ईश्वर को देखने का प्रयत्न करते हैं तो हम ईश्वर की एक विकृत और भयानक आकृति बना डालते हैं। एक कथा है कि एक अज्ञानी मनुष्य से भगवान् शिव की धातु की मूर्ति बनाने के लिए कहा गया। वह कई दिनों तक प्रयत्न करता रहा और अन्त में उसने एक वानर की प्रतिमा बना डाली! इसी प्रकार जब कभी हम भगवान् की मूर्ति बनाने का प्रयत्न करते हैं, तब हम उनका एक विकृत आकार ही बना पाते हैं; क्योंकि जब तक हम मनुष्य हैं तब तक हम भगवान् को मनुष्य से बढ़कर और कुछ समझ ही नहीं सकते। ऐसा समय अवश्य आयेगा, जब हम अपनी मानव-प्रकृति को पार करके आगे बढ़ जाएँगे और उस समय हम ईश्वर को जैसा वह है वैसा ही जान सकेंगे।

जब तक हम मनुष्य हैं तब तक तो हमें मनुष्य-रूप में ही ईश्वर की आराधना, ईश्वर की पूजा करनी होगी। बातें चाहे जैसी करो, प्रयत्न चाहे जैसा करो, तुम परमात्मा को मनुष्य के अतिरिक्त अन्य किसी रूप में देख ही नहीं सकते। हम चाहे बड़े बड़े व्याख्यान दे डालें, बड़े तर्कवादी हो जायें और यह भी सिद्ध कर दें कि ईश्वरसम्बन्धी सारी कथाएँ बेवकूफी की बातें हैं, पर साथ ही हमें अपनी कुछ साधारण बुद्धि से भी तो काम लेना चाहिए। क्या कभी हमने यह सोचने का यत्न किया है कि हमारी इस विचित्र बुद्धि का आधार क्या है? उत्तर मिलता है - शून्य कुछ नहीं। इसके बाद जब कभी तुम किसी मनुष्य को ईश्वर-पूजा के विरुद्ध बड़े बड़े बौद्धिक व्याख्यान फटकारते सुनो तो उसे पकड़कर यह पूछो कि ईश्वर के सम्बन्ध में उसकी कल्पना क्या है; 'सर्वशक्तिमत्ता', 'सर्वव्यापिता', 'सर्वव्यापी प्रेम' इत्यादि शब्दों का वह उच्चारण के अतिरिक्त और क्या अर्थ समझता है? देखोगे, वह कुछ नहीं जानता; वह इन शब्दों के भावों की कोई कल्पना अपने सामने नहीं ला सकता; एक रास्ता चलनेवाले अनपढ़ निरक्षर मनुष्य की अपेक्षा वह किसी प्रकार श्रेष्ठ नहीं है। बल्कि वह राहगीर शान्त है और दुनिया की शान्ति को भंग नहीं करता। उस पढ़े-लिखे व्यक्ति को कोई प्रत्यक्ष अनुभव नहीं है, अतः वह और राहगीर एक भूमिका पर अवस्थित हैं, दोनों एक ही श्रेणी के हैं।

प्रत्यक्ष अनुभव या साक्षात्कार ही धर्म है। मौखिक विवाद और प्रत्यक्ष अनुभव में महान् अन्तर है, यह समझ लेना चाहिए। अपनी आत्मा में जो अनुभव हो, वही प्रत्यक्ष अनुभव है। अब बताओ, सर्वव्यापी भगवान् का क्या अर्थ है? मनुष्य की आत्मा की कोई कल्पना नहीं है। अपने नेत्रों के सामने वह जो आकार देखता है, उन्हीं आकारों के साथ उसे आत्मा की कल्पना करनी पड़ती है। नील आकाश, विस्तृत क्षेत्रसमूह, समुद्र या ऐसी ही किसी महान् वस्तु की कल्पना उसे करनी पड़ती है। नहीं तो वह और किस तरह ईश्वर का विचार करेगा? यह तुम क्या कर रहे हो? 'सर्वव्यापिता' की बातें करते हो और समुद्र का चिन्तन करते हो! क्या समुद्र ईश्वर है? अतः संसार के इस व्यर्थ विवाद को दूर करो। हमें साधारण बुद्धि की आवश्यकता है। साधारण बुद्धि बड़ी दुर्लभ वस्तु है। संसार में बातों की भरमार है। हम अपनी वर्तमान प्रकृति के अनुसार मर्यादित हैं और हम भगवान् को मनुष्य के ही रूप में देखने के लिए बाध्य हैं। यदि भैंसे ईश्वर की पूजा कर सकते, तो वे ईश्वर को एक बड़ा भैंसा ही समझते! यदि मछली ईश्वर की पूजा

करना चाहे, तो वह ईश्वर को एक बड़ी मछली के आकार का समझेगी। इसी प्रकार यदि मनुष्य ईश्वर की पूजा करना चाहता है, तो उसे ईश्वर को मनुष्य-रूप मानना पड़ेगा। ये सब केवल कल्पनाएँ ही नहीं हैं। आप और हम, भैंसा और मछली मानो भिन्न भिन्न पात्रों के समान हैं। पात्र समुद्र में पानी भरने जाते हैं और मनुष्य की आकृति के अनुसार मनुष्य में, भैंसे के अनुसार भैंसे में, मछली के अनुसार मछली में पानी भर जाता है। प्रत्येक पात्र में पानी के सिवाय और कोई वस्तु नहीं है। इसी प्रकार उन सभी में जो ईश्वर है, उसके विषय में भी समझो।

जब मनुष्य ईश्वर को देखता है, तो वह उसे मनुष्य रूप में देखता है। इसी प्रकार अन्य प्राणी भी ईश्वर को अपनी अपनी कल्पना, अपने अपने रूप के अनुसार देखते हैं। परमेश्वर को तुम केवल इसी तरह देख सकते हो। मनुष्य के ही रूप में तुम उसकी उपासना कर सकते हो; क्योंकि इसके सिवाय दूसरा कोई मार्ग है ही नहीं। दो वर्ग के मनुष्य ऐसे हैं, जो ईश्वर की उपासना मनुष्य के रूप में नहीं करते। एक तो मानव रूप धारी पशु, जिनका कोई धर्म ही नहीं होता, और दूसरे 'परमहंस', जो मनुष्यता के परे पहुँच गये हैं, जो मन और शरीर से अलग हो चुके हैं और प्रकृति की मर्यादा के उस पार चले गये हैं। समस्त प्रकृति उनकी आत्मा बन गयी है। उनके न मन है, न शरीर। वे ईसा या बुद्ध के समान ईश्वर की उपासना ईश्वर के ही रूप में कर सकते हैं। ईसा और बुद्ध ईश्वर की पूजा मनुष्य के रूप में नहीं करते थे। दूसरे सिरे पर मानव-पशु हैं। ये दोनों छोरवाले व्यक्ति एक जैसे दीखते हैं। उसी प्रकार अत्यन्त अज्ञानी और अत्युच्च ज्ञानी भी समान-से प्रतीत होते हैं - ये दोनों ही किसी की उपासना नहीं करते। अत्यन्त अज्ञानी मनुष्य का पर्याप्त विकास न होने के कारण उसे ईश्वर की उपासना की जरूरत ही नहीं मालूम पड़ती, इसलिए वह ईश्वर की पूजा नहीं करता। जो मनुष्य उच्चतम ज्ञान की प्राप्ति कर चुके है, वे भी ईश्वर की पूजा नहीं करते; क्योंकि वे तो परमात्मा का साक्षात्कार कर चुके हैं और उनका ईथर के साथ तदाकार हो चुका है। ईश्वर कभी ईश्वर की पूजा नहीं करता। इन दो सीमान्त अवस्थाओं का मध्यवर्ती कोई मनुष्य यदि यह कहे कि मैं मनुष्य- रूप में ईश्वर की पूजा नहीं करता, तो उस पर तरस खाओ। वह अपनी जिम्मेदारी बिना समझे-बूझे बातें करनेवाला मनुष्य है। उसका धर्म उथले विचारवालों के लिए है केवल बौद्धिक बकवास है।

अतः ईश्वर की मनुष्य के रूप में उपासना करना नितान्त आवश्यक है। जिन जातियों में ऐसे उपास्य मानव-ईश्वर हैं वे धन्य हैं। ईसाइयों में ईसा मसीह के प्रति दृढ़ आसक्ति रखनी चाहिए। उन्हें ईसा को कभी नहीं छोड़ना चाहिए। मनुष्य में ईश्वर के दर्शन करना यही ईश्वर-दर्शन का स्वाभाविक मार्ग है। ईश्वरसम्बन्धी हमारे समस्त विचार वहीं एकाग्र हो सकते हैं। ईसाइयों में सबसे बड़ी कमी इस बात की है कि वे ईसा मसीह के अतिरिक्त ईश्वर के अन्य अवतारों के प्रति श्रद्धा नहीं रखते। जैसे ईसा मसीह ईश्वर के अवतार थे उसी तरह बुद्ध भी ईश्वर के अवतार थे तथा अन्य सैकड़ों अवतार होंगे। ईश्वर को कहीं पर सीमाबद्ध मत करो। ईसाइयों को चाहिए कि ईश्वर की जो कुछ भक्ति करना वे उचित समझें वह वे ईसा मसीह के प्रति करें; यही एक उपासना उनके लिए सम्भव है। ईश्वर की पूजा नहीं हो सकती; क्योंकि ईश्वर तो सृष्टि में सर्व-व्यापी है। उनके मानव रूप की ही हम उपासना कर सकते हैं। 'ईसा मसीह के नाम पर' - ईसाई लोगों का ऐसा प्रार्थना करना बहुत अच्छा है। अधिक अच्छा हो यदि वे ईश्वर से प्रार्थना करना छोड़ केवल ईसा मसीह से ही प्रार्थना करें। ईश्वर मनुष्य की दुर्बलताओं को समझता है और मानवजाति का उपकार करने के लिए वह मनुष्य बनकर आता है। श्रीकृष्ण भगवान् का वाक्य है कि "जब जब धर्म का ह्रास और अधर्म की वृद्धि होती है, तब तब मैं मानवजाति का उद्धार करने आता हूँ।[1] "अज्ञानी लोग यह न जानकर कि सृष्टि के सर्वशक्तिमान् और सर्वव्यापी ईश्वर ने - मैंने - यह मानव रूप धारण किया है मेरी अवहेलना करते हैं और आश्चर्य करते है कि यह कैसे सम्भव है।"[2] उनका मन आसुरी अज्ञान से आच्छादित रहता है, इसलिए वे उस मानवरूप ईश्वर में सृष्टि के स्वामी ईश्वर का दर्शन नहीं कर पाते।

---

[1] यदायदा ही धर्मस्य ग्लानिर्भवति भारत।
अभ्यूत्थानमधर्मस्य तदात्मानं सृजाम्यहम्।।

- गीता, ४-७

[2] अवजानन्ति मां मूढा मानुषीं तनुमाश्रितम्।
परं भावमजानन्तो मम भूतमहेश्वरन्।।

- गीता, ९-११

ईश्वर के महान् अवतार पूजनीय हैं। यही नहीं, पूजा तो केवल इन्हीं की हो सकती है। इनके जन्म-दिवस तथा महासमाधि-दिवस को हमें विशेष पूजनीय मानना चाहिए। ईसा की पूजा करने में मैं उनकी पूजा ठीक उसी तरह करूँगा जैसी कि वे स्वयं ईश्वर की पूजा करना चाहते थे। उनके जन्म- दिवस पर मैं दावत उड़ाने के बदले प्रार्थना और उपासना द्वारा उनकी पूजा करूँगा।

जब हम इन अवतारों का, इन महान् विभूतियों का चिन्तन करते हैं, तब ये हमारी आत्मा के भीतर प्रकट होते हैं और हमें अपने समान बना देते हैं। हमारी सम्पूर्ण प्रकृति बदल जाती है और उनके समान हो जाती है। पर तुम ईसा मसीह और बुद्ध को वायु में उड़नेवाले भूत-प्रेतों तथा उसी श्रेणी के अन्य अज्ञानकल्पित जन्तुओं के समान मत समझ लेना। शान्तम् पापम्! ईसा मसीह प्रेतचक्र (Spiritualistic Seance) में नाचने आते हैं! मैंने यह ढोंग इसी देश में देखा है। परमात्मा के ये अवतार इस तरह नहीं आया करते। किसी भी अवतार के स्पर्श मात्र से मनुष्य में अन्य प्रकार का प्रभाव पड़ता है। जब ईसा मसीह का स्पर्श होगा, तो मनुष्य की समय आत्मा परिवर्तित हो जायगी और वह मनुष्य बदलकर ईसा मसीह जैसा ही बन जाएगा। उसका सारा जीवन आध्यात्मिक बन जायगा और उसके शरीर के रोम रोम से आध्यात्मिक शक्ति निकलने लगेगी। ईसा मसीह की जो शक्तियाँ उनके चमत्कारों में और आरोग्यता-प्रदानों में दीख पड़ती हैं वे यथार्थ में क्या थीं? वे तो तुच्छ, असंस्कृत, त्याज्य चीजें थीं। वह सब किये बिना उनका छुटकारा न था, क्योंकि वे असंस्कृत मनुष्यों के बीच रहते थे। वे चमत्कारपूर्ण कृत्य कहाँ किये गये? यहूदी लोगों के बीच। और यहूदी लोग उनको रखना नहीं चाहते थे। और वैसे चमत्कार कहाँ नहीं किये गये? यूरोप में। वे चमत्कार तो यहूदियों के पास गये जिन्होंने ईसा मसीह का परित्याग किया, और उनका 'पर्वत पर का उपदेश' यूरोप को गया, जिसने उनको अपनाया। चिन्तनशील आत्मा ने जो सत्य था उसको ग्रहण किया और जो मिथ्या था उसका परित्याग। ईसा मसीह की महान् शक्ति उनके चमत्कारों में उनके आरोग्य-दान में नहीं है। यह तो एक अज्ञानी भी कर सकता है। अज्ञानी भी दूसरों को आराम पहुँचा सकते हैं। असुर लोग भी दूसरे के रोग भगा सकते हैं। मैंने भयानक आसुरी मनुष्यों को असुत चमत्कार करते देखा है। ऐसे लोग मिट्टी से असली फल बना लेते हैं। मैंने मूर्खों और आसुरी मनुष्यों

को भूत:, वर्तमान और भविष्य की बातें बताते देखा है। मैंने उन्हें केवल एक दृष्टिपात द्वारा इच्छा-शक्ति से बड़े भयानक रोगों को आराम पहुंचाते देखा है। ये निस्सन्देह शक्तियाँ हैं, पर बहुधा ये आसुरी हुआ करती हैं। इनके सिवाय एक दूसरी शक्ति है जो ईसा मसीह की आध्यात्मिक शक्ति है - वह जीवित रहेगी और सदा जीवित रहती आयी है। वह है सर्वशक्तिशाली सबको अपनानेवाला प्रेम। वैसे ही उन्होंने सत्य के जिन जिन शब्दों का उपदेश दिया, वे भी सदा जीवित रहेंगे। उनका अपनी एक नजर से मनुष्यों को नीरोग कर देना कभी विस्मृत भी हो सकता है पर 'जिनका अन्तःकरण पवित्र है वे धन्य है' यह उनकी उक्ति कभी नहीं भुलायी जा सकती। यह उक्ति आज भी अमर है। यह शब्द-समूह शक्ति का महान् अक्षय भण्डार है, जो उस समय तक खाली नहीं हो सकता, जब तक मनुष्य का मन कायम रहेगा। जब तक हम ईश्वर के नाम को न भूलेंगे तब तक ये शब्द प्रचलित रहेंगे और उसका कभी अन्त न होगा। शक्ति की इन्हीं बातों को ईसा ने सिखाया और ये ही शक्तियाँ उनके पास थीं। उनकी शक्ति पवित्रता की शक्ति थी और वहीं यथार्थ शक्ति भी। अतः हमें ईसा मसीह की उपासना करते समय उनसे प्रार्थना करते समय यह सदा स्मरण रखना चाहिए कि हम किस वस्तु, की इच्छा कर रहे है। चमत्कार दिखलाने की उन मूर्खतापूर्ण वस्तुओं को हम नहीं चाहते वरन् आत्मा की उन असुत शक्तियों की आकांक्षा करते हैं, जो मनुष्य को स्वतन्त्र बना देती हैं उसे समग्र प्रकृति पर अधिकार प्राप्त करा देती हैं और उसे दासत्व की शृंखला से छुड़ाकर ईश्वर के दर्शन करा देती हैं।

* * *

प्रतिमा की आवश्यकता

भक्ति के दो विभाग हैं। एक वैधी भक्ति, जो विधिमयी या अनुशासनात्मक होती है और दूसरी मुख्य भक्ति या परा भक्ति। अत्यन्त निम्न श्रेणी से लेकर उच्चतम श्रेणी तक की उपासना के सभी रूपों का समावेश 'भक्ति' शब्द में होता है। दुनिया के सभी देशों और सभी धर्मों में जितनी उपासनाएं की जाती हैं, उन सबका नियमन प्रेम द्वारा होता है। इन उपासनाओं में बहुत-सा भाग तो केवल विधियों का होता है और बहुत-सा भाग विधियों का न होने पर भी प्रेम नहीं कहा जा सकता; असल में वह तो प्रेम से नीची श्रेणी का होता है। तथापि ये विधियाँ आवश्यक होती हैं; भक्ति का यह बाहरी भाग आत्मा की उन्नति के मार्ग में सहायता देने के लिए नितान्त आवश्यक है। मनुष्य यदि सोचे कि मैं कूदकर एकदम उच्चतम अवस्था पर पहुँच जाऊँगा तो यह उसकी बड़ी भूल है। यदि बालक सोचे कि मैं एक दिन में वृद्ध बन जाऊँगा तो यह उसका अज्ञान है। मैं आशा करता हूँ कि आप सदा इस बात का ध्यान रखेंगे कि धर्म न तो पुस्तकों में है, न बौद्धिक सम्मति देने में और न तर्कवाद में ही। तर्क-सिद्धान्त, आप्तवाक्य, शास्त्राज्ञा, धार्मिक अनुष्ठान ये सब धर्म के सहायक होते हैं, पर असली धर्म तो साक्षात्कार या अपरोक्ष अनुभूति ही है।

हम सब कहा करते हैं कि ईश्वर है। क्या आपने ईश्वर को देखा है? यही प्रश्न है। आप किसी मनुष्य को यह कहते सुनते हैं कि स्वर्ग में एक ईश्वर है। आप उससे पूछते हैं कि क्या तुमने ईश्वर को देखा है। यदि वह कहता है कि हाँ, मैंने ईश्वर को देखा है, तो आप उसकी हँसी करते हैं और कहते हैं 'यह पागल है। ' बहुतेरे मनुष्यों का धर्म किसी सिद्धान्त को मानने या एक प्रकार की बौद्धिक सम्मति देने मात्र में ही समाप्त हो जाता है। मैंने अपने जीवन में ऐसे धर्म का उपदेश कभी नहीं किया। मैं इसे धर्म नहीं कहता। इस तरह का धर्म पालन करने की अपेक्षा नास्तिक होना अच्छा है। हमारी बौद्धिक सम्मति या मतभेद पर धर्म अवलम्बित नहीं रहता। आप कहते हैं कि आत्मा है। क्या

आपने आत्मा को देखा है? हम सब में आत्मा है पर उसे हम देख नहीं पाते, यह कैसी बात है? आपको इस प्रश्न का उत्तर देना होगा और आत्मा को देखने का उपाय निकलना होगा। यदि ऐसा नहीं हो सकता, तो धर्म की बात करना निरर्थक है। यदि कोई धर्म सच्चा है तो उसे हमें अपने आप में ही आत्मा, ईश्वर और सत्य का दर्शन करा सकने में समर्थ होना चाहिए। यदि आप और हम किसी धार्मिक सूत्र या सिद्धान्त के सम्बन्ध में सदा लड़ते रहें तो, हम कभी किसी निर्णय पर न पहुँच सकेंगे। इसी तरह लोग सदियों से लड़ते आये हैं, पर नतीजा क्या हुआ? बुद्धि वहाँ तक कदापि पहुँच नहीं सकती। हमें तो बुद्धि के उस पार जाना होगा। धर्म का प्रमाण प्रत्यक्ष अनुभव से ही होता है। दीवाल के अस्तित्व का प्रमाण यही है कि उसे हम देखते हैं। यदि हम बैठ जायें और दीवाल के अस्तित्व के सम्बन्ध में युग-युगान्तर तक बहस करें तो कभी किसी निर्णय पर नहीं पहुँच सकेंगे। पर यदि आप उसे प्रत्यक्ष देख लें तो उतना ही बस है। फिर यदि संसार के सारे मनुष्य आपसे कहें कि दीवाल नहीं थी तो आप उनका कभी विश्वास न करेंगे क्योंकि आप जानते हैं कि अपने चक्षुओं का प्रमाण संसार के सूत्रों और सिद्धान्तों से बढ़कर है।

धार्मिक होने के लिए सर्वप्रथम तुम्हें पुस्तकें फेंक देनी होंगी। पुस्तकें जितनी कम पढ़ो, उतनी ही तुम्हारी भलाई है। एक समय में एक ही काम करो। इस जमाने में पाश्चात्य देशों में दिमाग की खिचड़ी करने की प्रवृत्ति हुआ करती है। सभी तरह के अपरिपक्व विचार दिमाग में जाकर चक्कर खाते हैं और कुहराम मचा देते हैं। इन विचारों को दिमाग में ठण्डा होने का और निश्चित आकार में जमने का मौका ही नहीं मिलता। बहुधा यह एक प्रकार का रोग-सा हो जाता है। यह तो धर्म कदापि नहीं कहा जा सकता।

इसके अलावा कई लोगों को शान-तन्तुसम्बन्धी उत्तेजना की जरूरत होती है। उन्हें बताइये कि ऐसे ऐसे भूत हैं जो अदृश्य रूप में वर्तमान हैं और उनको ताक रहे हैं; या कि उत्तरी ध्रुव या और किसी दूर देश के लोग पंखों के सहारे उड़ते उड़ते अथवा और किसी विचित्र रूप से आ रहे हैं। उन्हें ऐसी ऐसी बातें बताइये जिनको सुनकर उनके हृदय में सनसनी पैदा हो। तब वे सन्तुष्ट होकर अपने घर जाएँगे। पर चौबीस घण्टे

बाद पुनः वे नयी उत्तेजना के लिए तैयार मिलेंगे। इसे ही कुछ लोग धर्म कहते हैं। पर यह तो पागलखाने का रास्ता है, न कि धर्म का। यदि आप इसी राह में एक शताब्दी तक चलेंगे, तो इस देश को आप एक बड़ा पागलखाना बना डालेंगे।

परमात्मा के पास दुर्बल लोग नहीं पहुँच सकते। ये सब उत्तेजक कहानियाँ श्रोता को दुर्बल कर देती हैं। अतः ऐसी चीजों को अपने पैर की उँगलियों से भी स्पर्श न करो। इनसे मनुष्य केवल कमजोर बनता है दिमाग में गड़बड़ी पैदा होती है, मन दुर्बल हो जाता है, आत्मा का नैतिक पतन होता है और नैराश्यपूर्ण सम्भ्रम ही इसका अन्तिम फल होता है। आप इस बात को ध्यान में रखिये ये कि धर्म न बातों में है, न सिद्धान्तों में और न पुस्तकों में, वह है प्रत्यक्ष अनुभव में। वह शिक्षा नहीं है, आचरण है। वह 'सीखना' नहीं है, 'होना' है। 'चोरी मत करो' इसे सब जानते हैं, पर इससे क्या? इसे तो यथार्थ में उसी ने जाना जिसने चोरी नहीं की। 'दूसरों को हानि मत पहुँचाओ' यह बात हरएक को मालूम है, पर इसके क्या लाभ? जिन्होंने दूसरों को हानि नहीं पहुँचायी, उन्हीं ने इस वाक्य का अनुभव किया। उन्हीं ने उसे जाना और उस सिद्धान्त पर अपने चरित्र का निर्माण किया। अतः हमें धर्म का अनुभव करना है। धर्म का यह अनुभव एक लम्बी क्रिया है।

जब लोग किसी उच्च अद्भुत विषय के सम्बन्ध में सुनते हैं तब वे यही समझने लगते हैं कि वे उसे एकदम प्राप्त कर लेंगे। क्षण-भर भी वे यह नहीं विचारते कि उसकी प्राप्ति के लिए उन्हें उसका रास्ता तय करना पड़ेगा। वे तो वहाँ एकदम कूदकर पहुँच जाना चाहते हैं। यदि वह स्थान अत्यंत उच्च है तो भी हम वहाँ पहुँच जाना चाहते हैं। हम यह सोचने के लिए कभी नहीं रुकते कि हममें उतनी शक्ति है या नहीं। नतीजा यह होता है कि हम कुछ नहीं कर पाते। आप किसी मनुष्य को जबरदस्ती उठाकर ऊपर नहीं ढकेल सकते। हम सब को क्रमशः प्रयत्न करने की आवश्यकता होती है। अतः धर्म का यह पहला भाग वैधी भक्ति, उपासना की निचली श्रेणी है।

उपासना की ये निम्न अवस्थाएँ कौन-स्त्री हैं? इसे बतलाने के पूर्व मैं आपसे एक प्रश्न करूँगा। आप कहते हैं कि परमेश्वर है और वह सर्वव्यापी व्यक्ति है। परन्तु सर्वव्यापित्व के सम्बन्ध में आपकी क्या कल्पना है? उत्तर देते समय आप केवल

अपनी आंखें मूँद लेते हैं और मुझे बताते हैं कि वह सर्वव्यापी किस तरह का है। आप क्या पाते हैं? या तो आप समुद्र का विचार कर रहे हैं या नीले आकाश का या किसी मैदान के विस्तार का या ऐसी कुछ चीजों का, जिन्हें आपने अपने जीवन में देखा है। यदि ऐसा ही है, तो आप 'सर्वव्यापी ईश्वर' शब्दों से कुछ नहीं समझते। आपके पास उनका कोई अर्थ नहीं। इसी तरह ईश्वर के अन्य गुणों के सम्बन्ध में भी समझिये।

साधारणतः सर्वशक्तिमान् या सर्वदर्शी के सम्बन्ध में हमारी क्या कल्पना हुआ करती है? कुछ भी नहीं। अनुभव करना ही धर्म है और जब आप ईश्वर के विषय में आपकी जो कल्पना है, उसका अनुभव करने में समर्थ हो जाएँगे तब मैं आपको ईश्वर का उपासक कहूँगा। पर तब तक आपको केवल शब्द के हिज्जे ही मालूम हैं। आप इससे अधिक और कुछ नहीं जानते। उस अवस्था में पहुँचने के लिए जिसमें हम ईश्वर का अनुभव कर सकेंगे, हमें साकार वस्तु के माध्यम से जाना होगा - ठीक उसी तरह जैसे कि बच्चे प्रथम साकार वस्तुओं का अभ्यास करके तदुपरान्त क्रमशः भाववाचक की ओर जाते हैं। यदि आप किसी बालक को 'पंजे दस' बताते हैं तो वह नहीं समझता। पर यदि आप उसे दस चीजें दें और दो दो पाँच बार उठाने से दस कैसे हुए यह दिखा दें वह उसे ठीक समझ लेगा। यह धीरे धीरे चलने तथा देरी का तरीका है। यहाँ धर्म के क्षेत्र में हम सब बच्चे ही हैं। हम उम्र में चाहे बूढ़े हों, संसार की सारी पुस्तकों का अध्ययन चाहे हमने कर लिया हो, आध्यात्मिक क्षेत्र में तो हम सब बच्चे ही हैं। अनुभव करने की इस शक्ति से धर्म बनता है।

सिद्धान्त, सूत्र, तत्त्वज्ञान या नैतिक वचनों का जो शान आपके दिमाग में हंस-हंसकर भरा है उससे कुछ अधिक मतलब नहीं। आप क्या हैं और आपने क्या अनुभव किया है - ये ही मतलब की बातें हैं। हमने सूत्रों और सिद्धान्तों का तो अध्ययन किया है पर अपने जीवन में अनुभूति या साक्षात्कार कुछ भी नहीं किया। अब हमें स्थूल या साकार रूप में विधि, मन्त्र, स्तोत्र, संस्कार और अनुष्ठानों द्वारा प्रारम्भ करना होगा। ये स्थूल विधियां हजारों होंगी। सबके लिए एक ही विधि होना आवश्यक नहीं है। किसी को मूर्ति से सहायता मिलती है और किसी को नहीं। किसी को बाहरी मूर्ति की आवश्यकता होती है और किसी को अपने मन में ही मूर्ति की कल्पना करने की

आवश्यकता पड़ती है। मन में ही मूर्ति की कल्पना कर लेनेवाला कहता है "मैं उच्च श्रेणी का हूँ, क्योंकि मानस पूजा ठीक है; बाहरी मूर्ति की पूजा करना बुतपरस्ती है, निन्दनीय है; मैं उसका विरोध करूँगा।" जब मनुष्य गिर्जाघर या मन्दिर के रूप में मूर्ति बनाता है तो वह उसे पवित्र समझता है; पर यदि वह मूर्ति मनुष्य की आकृति हुई, तो उसे वह बिलकुल घृणित समझता है! अतः मन अपना यह स्थूल अभ्यास भिन्न-भिन्न रूपों द्वारा करेगा और धीरे-धीरे हमें सूक्ष्म का ज्ञान प्राप्त होगा, सूक्ष्म का अनुभव होगा। एक ही विधि सब के लिए ठीक नहीं हो सकती। एक विधि मेरे लिए उपयुक्त हो सकती है। दूसरी किसी और के लिए, आदि आदि सभी मार्ग यद्यपि उसी ध्येय को पहुँचाते हैं तथापि वे सभी सब के योग्य नहीं होते।

साधारणतः यहाँ पर हम एक गलती और करते हैं। मेरा आदर्श आपके लायक नहीं है तो मैं उसे जबरदस्ती आपके गले क्यों मढ़ूँ? गिर्जाघर बनाने का मेरा नमूना या स्तोत्र पाठ करने की मेरी विधि यदि आपको ठीक नहीं जँचती तो मैं उस सम्बन्ध में आप पर जबरदस्ती क्यों करूँ? आप दुनिया में जाइये। प्रत्येक अबोध व्यक्ति यही कहेगा कि मेरी ही विधि ठीक है तथा अन्य सब विधियाँ आसुरी हैं संसार में मेरे सिवाय ईश्वर का और कृपापात्र पैदा ही नहीं हुआ! पर सभी विधियाँ अच्छी और उपयोगी हैं। मानव-प्रकृति भिन्न-भिन्न प्रकार की होती है। अतः यह आवश्यक है कि धर्म भिन्न-भिन्न प्रकार का हो और जितने ही अधिक प्रकार के धर्म हों उतना ही संसार के लिए भला है। यदि संसार में बीस प्रकार के धर्म हैं तो बहुत अच्छा है, और यदि चार सौ प्रकार के धर्म हो गये तो और भी अच्छा; क्योंकि उस अवस्था में धर्म पसन्द करने का अवसर तथा क्षेत्र अधिक रहेगा। अतः हमें तो धर्म तथा धार्मिक आदर्शों की संख्या बढ़ने पर उलटे प्रसन्न ही होना चाहिए क्योंकि ऐसा होने से प्रत्येक मनुष्य को किसी न किसी धर्म-पालन का अवसर मिलेगा तथा मानवजाति को और अधिक सहायता मिलेगी। ईश्वर करे धर्मों की संख्या यहाँ तक बड़े कि प्रत्येक मनुष्य को अपने लिए हर किसी के धर्म से अलग एक धर्म मिल जाय। भक्तियोग की यही कल्पना है।

अन्तिम भाव यही है कि मेरा धर्म तुम्हारा नहीं हो सकता और न तुम्हारा धर्म मेरा। यद्यपि ध्येय और उद्देश्य एक ही है, तथापि हरएक का मार्ग अपनी अपनी

मानसिक प्रवृत्ति के अनुसार अलग अलग है। और यद्यपि ये मार्ग भिन्न-भिन्न हैं तो भी सभी मार्ग ठीक होने ही चाहिए, क्योंकि वे सभी उसी स्थान को पहुँचाते हैं। उनमें से एक ही सत्य हो और बाकी सब गलत हो यह सम्भव नहीं। अपना मार्ग पसन्द कर लेना ही भक्ति की भाषा में 'इष्ट' कहलाता है।

फिर हैं 'शब्द'। आप सभी ने शब्दों की शक्ति के सम्बन्ध में सुना है। उनमें कैसी अछूत शक्ति होती है! धर्मग्रन्थ बाइबिल, कुरान और वेद इन शब्दों की शक्ति से भरे पड़े हैं। कुछ शब्दों का मानवजाति पर अद्भुत प्रभाव होता है। फिर उपासना के दूसरे रूप भी हैं - जैसे, प्रतीक। प्रतीकों का मनुष्य के मन पर बहुत असर पड़ता है। धर्म के बड़े बड़े प्रतीक ऐसे ही नहीं बना दिये गये हैं। वे विचारों को प्रकट करने के स्वाभाविक तरीके हैं। हम प्रतीकों द्वारा ही विचार करते हैं। हमारे शब्द उनके पीछे रहने वाले विचारों के प्रतीक मात्र हैं।

भिन्न-भिन्न जाति के लोग भिन्न-भिन्न प्रतीकों का उपयोग बिना उसका कारण जाने ही करने लगे हैं। विचार या भाव भीतर रहते हैं और इन प्रतीकों का इन भावों और विचारों से सम्बन्ध रहता है। जिस तरह भीतरी भाव इन प्रतीकों को बाहर प्रकट करते हैं उसी तरह ये प्रतीक भी भीतर उन विचारों या भावों को पैदा कर सकते हैं। इसलिए भक्ति के इस अंश में इन प्रतीकों, शब्दों और प्रार्थनाओं का वर्णन है।

प्रत्येक धर्म में प्रार्थनाएँ हैं। पर एक बात ध्यान में रखनी होगी कि आरोग्य या धन के लिए प्रार्थना करना भक्ति नहीं है - वह सब कर्म है। किसी भौतिक लाभ के लिए प्रार्थना करना निरा कर्म है; जैसे स्वर्ग-प्राप्ति अथवा अन्य किसी कार्य के लिए प्रार्थना करना। जो ईश्वर से प्रेम करना चाहता है, भक्त होना चाहता है उसे ऐसी प्रार्थनाएँ छोड़ देनी चाहिए। जो ज्योतिर्मय प्रदेश में प्रवेश चाहता है उसे इस क्रय-विक्रय इस 'दुकानदारी' के धर्म की गठरी बाँधकर अलग धर देनी होगी; तत्पश्चात् उस प्रदेश के द्वार में प्रवेश करना होगा। ऐसी बात-नहीं कि जिस वस्तु के लिए प्रार्थना करोगे, उसे नहीं पाओगे। तुम सभी कुछ पा सकते हो, पर यह तो नीच और गँवार का - भिखारी कार धर्म हुआ। ' 'वह सचमुच मूर्ख है जो गंगा के किनारे रहकर पानी के लिए कुआँ खोदता है।"[1] जो हीरों की खान में आकर काँच के टुकड़ों की खोज करता है वह मूर्ख

---

[1] उषित्वा न्हवीतीरे कूप खनति दुर्मति:।

नहीं तो और क्या है? कैसा आश्चर्य है ईश्वर के पास माँगा भी तो आरोग्य, भोजन या कपड़े का टुकड़ा जो ईश्वर हीरों की खदान है उसके पास इन सांसारिक काँच के टुकड़ों की माँग!

यह शरीर कभी-न-कभी मरेगा ही। तब इसकी आरोग्यता के लिए पुनः पुनः प्रार्थना करने से क्या लाभ? आरोग्य और धन में रखा ही क्या है? धनी-से-धनी मनुष्य भी अपने धन के थोड़े-से ही अंश का उपभोग कर सकता है। हम संसार की सभी चीजें प्राप्त नहीं कर सकते। जब हम उन्हें प्राप्त नहीं कर सकते तो क्यों हमें उनकी चिन्ता में डूबे रहना चाहिए? जब यह शरीर ही नष्ट हो जायगा तब इन वस्तुओं की परवाह कैसी? यदि अच्छी चीजें आयें तो भली बात है! आने दो! और यदि ये चीजें जाती हैं तो भी भली बात है! जाने दो! जब वे आती हैं, तो भी धन्य है। जब जाती हैं, तो भी धन्य है। हम तो ईश्वर का साक्षात्कार करने जा रहे हैं हम उन 'सम्राटों के सम्राट' के समक्ष पहुँचने का प्रयत्न कर रहे हैं। हम वहाँ भिखारी के वेश में नहीं पहुँच सकते। यदि हम भिखारी के वेश में बादशाह के दरबार में प्रवेश करना चाहें, तो क्या हम प्रवेश पा सकेंगे? कदापि नहीं। हम भगा दिये जाएँगे। हमारे ईश्वर सम्राटों के सम्राट हैं और हम उनके समक्ष भिखारियों के चिथड़ों में प्रवेश नहीं कर सकते। और न दूकानदारों का ही वहाँ प्रवेश है। वहाँ क्रय-विक्रय से काम नहीं चलता। तुमने बाइबिल में पढ़ा ही है, ईसा ने खरीदने और बेचनेवालों को मन्दिर से भगा दिया। फिर भी लोग प्रार्थना करते हैं, "हे ईश्वर! मैं अपनी तुच्छ विनती तुझ तक भेजता हूँ? मुझे इसके बदले एक नयी पोशाक दे दे। हे ईश्वर! मेरा सिर का दर्द मिटा दे। मैं कल दो घण्टे अधिक प्रार्थना करूँगा। '

अपनी मानसिक प्रवृत्ति को इससे कुछ ऊपर उठाओ। इस तरह की छोटी-छोटी बातों के लिए प्रार्थना करने की अवस्था से अपने को परे समझो। यदि मनुष्य अपनी मानसिक शक्ति को ऐसी चीजों के लिए प्रार्थना करने में लगा दे, तो फिर मनुष्य और पशु में अन्तर ही क्या रहा? ऐसी समस्त इच्छाओं का, यहाँ तक कि स्वर्ग-प्राप्ति की कामना का भी परित्याग करना भक्त का प्रथम कार्य है।

स्वर्ग क्या है? स्वर्ग यहाँ के ही इन स्थानों के समान है - शायद इनसे कुछ अधिक अच्छा होगा। यहाँ हमें कुछ दुःख और कुछ सुख मिलता है। वहाँ स्वर्ग में शायद दुःख

कुछ कम मिले और सुख कुछ अधिक। पर यहाँ की अपेक्षा वहाँ हमें ज्ञान का प्रकाश कोई अधिक न मिलेगा। वह तो केवल हमारे शुभ कार्यों का फलस्वरूप होगा। ईसाई लोग स्वर्ग को घनीभूत सुखभोग का स्थान मानते हैं। ऐसा स्वर्ग भला ईश्वर का स्थान कैसे ले सकता है? स्वर्ग-प्राप्ति से हमें ईश्वर-प्राप्ति का आनन्द कैसे प्राप्त हो सकता है?

प्रश्न यह है कि इन सब कामनाओं का त्याग कैसे किया जाय? ये कामनाएँ ही मनुष्य को दुःखी बनाती हैं। मनुष्य इन कामनाओं से बँधे हुए गुलाम होते हैं, उनके हाथ की कठपुतली बन जाते हैं और खिलौनों की तरह इधर से उधर पटक दिये जाते हैं। जिस शरीर को कोई भी वस्तु चूर्ण कर दे सकती है, उसी शरीर की चिन्ता लिये हुए हम सदा बैठे रहते है। इसी कारण हम निरन्तर भय की अवस्था में अपना जीवन - व्यतीत करते हैं। मैंने पढ़ा है कि मृग को केवल अपने डर के कारण प्रतिदिन ६० - ७० मील की दौड़ लगानी पड़ती है। मीलों वह दौड़े ही जाता है और तत्पश्चात् थोड़ा रुककर कुछ खाता है। परन्तु हमें यह जान लेना चाहिए कि हम मृग से भी गयी-बीती स्थिति में हैं। मृग को तो कुछ आराम मिलता भी है, पर हमें आराम कहाँ? यदि मृग को पर्याप्त तृण मिल जाय, तो वह सन्तुष्ट हो जाता है, पर हम तो अपनी आवश्यकताएँ सदा बढ़ाते ही रहते हैं। अपनी आवश्यकताओं को बढ़ाने की हमारी प्रवृत्ति बहुत दूषित है। हम ऐसे विक्षिप्त और अस्वाभाविक बन गये हैं कि हमें किसी भी स्वाभाविक वस्तु से सन्तोष नहीं होता। हम सदा दूषित चीजों के पीछे अस्वाभाविक उत्तेजनाओं के पीछे दौड़ा करते हैं। हमें खान-पान, आसपास की चीजें और जीवन भी अस्वाभाविक चाहिए। हम साँस लेने के लिए वायु को भी पहले जहरीली बना लिया करते हैं। और डर का तो कुछ पूछना ही नहीं! हमारा सारा जीवन ही डर के तानों-बानों से बना है। मृग को तो केवल बाघ, भेड़िया इत्यादि का ही डर रहता है पर मनुष्य को सारी सृष्टि से डर रहता है।

अब प्रश्न यह है कि इससे हम अपने को मुक्त कैसे कर सकते हैं। उपयोगितावादी खड़े होकर ललकारते हैं "ईश्वर और परलोक की बातें मत करो। हमें इनके विषय में कुछ मालूम नहीं। इस संसार में ही सुख की जिन्दगी बिताना उचित है।" यदि हम ऐसा कर सकते तो मैं सब से पहले यही करता, पर दुनिया हमें जब ऐसा करने दे तब न? जब तक तुम प्रकृति के गुलाम हो तब तक ऐसा कर ही कैसे सकते हो? तुम जितना ही

अधिक प्रयत्न करते हो उतना ही अधिक उलझते जाते हो। न मालूम कितने वर्षों से तुम कितने उपाय कर रहे हो, पर हर समय अन्त में यही देखते हो कि अवस्था उत्तरोत्तर बुरी होती जा रही है। दो सौ वर्ष पहले 'पुरानी दुनिया' में मनुष्य की आवश्यकताएँ बहुत थोड़ी थीं, पर जैसे-जैसे मनुष्य का ज्ञान अंकगणित के जोड़ के क्रम से बढ़ता गया, वैसे-वैसे उनकी आवश्यकताएँ गुणन-क्रम से बढ़ती गयीं। हम सोचते हैं कि स्वर्ग जाने से हमारी इच्छाएँ अवश्य पूर्ण हो जाएँगी और इसलिए हम स्वर्ग जाने की इच्छा करते हैं। पर यह तृष्णा अनन्त है, वह कभी बुझनेवाली नहीं! सदा किसी-न-किसी वस्तु की कमी बनी ही रहती है! यदि मनुष्य भिखारी है, तो उसे धन चाहिए। यदि धनी हो गया तो उसे अन्य चीजें चाहिए, समाज चाहिए, और उसके बाद भी कुछ और चाहिए। आराम या शान्ति कभी मिलती ही नहीं।

तो, इस तृष्णा को हम कैसे बुझा सकते हैं? यदि हम स्वर्ग को जाते हैं तो हमारी इच्छाओं की और भी वृद्धि होती है। यदि गरीब आदमी धनी हो जाता है, तो उसकी वासना तृप्त नहीं होती। धन तो अग्नि में घृत छोड़ने के समान उसकी प्रदीप्त ज्वालाओं की वृद्धि ही करता है। स्वर्ग जाने का अर्थ है अत्यधिक धनवान् होना और तब तो वासना अधिकाधिक बढ़ती ही है। हम संसार के भिन्न-भिन्न धर्मग्रंथों में पढ़ते हैं कि स्वर्ग के देवता मनुष्यों की तरह कई प्रकार के द्वन्द्व किया करते हैं। वे सर्वदा अच्छे ही रहते हैं ऐसा नहीं। आखिर यह स्वर्ग जाने की इच्छा भी तो सुखभोग की वासना ही है। इस इच्छा का परित्याग करना चाहिए। आप लोगों के लिए स्वर्ग जाने का विचार करना बहुत हीन और तुच्छ है। यह ठीक उसी विचार के सदृश है कि मैं करोड़पति होऊँगा और लोगों पर हुकूमत करूँगा। ऐसे स्वर्ग तो अनेक हैं पर धर्म और प्रेम के द्वार में प्रवेश करने का अधिकार इन स्वर्गों के द्वारा आप कभी प्राप्त नहीं कर सकते।

* * *

प्रतीक के भेद

संस्कृत भाषा में दो शब्द हैं 'प्रतीक' और 'प्रतिमा'। 'प्रतीक' का अर्थ है 'ओर आना' या समीप पहुँचना। सभी धर्मों में उपासना की कई श्रेणियाँ हैं। उदाहरणार्थ - इसी देश में बहुत से ऐसे लोग हैं, जो साधुओं की मूर्ति की पूजा करते हैं और ऐसे लोग भी है जो किसी आकृति विशेष और प्रतीकों की पूजा करते हैं। फिर ऐसे भी लोग हैं, जो मनुष्य से उच्चतर प्राणियों की पूजा करते हैं। और उनकी संख्या बहुत जोर से बढ़ रही है। वे है परलोकगत आत्माओं के पुजारी। मैंने पड़ा है कि इस तरह के लोग यहाँ ८० लाख है। फिर और भी दूसरे लोग हैं, जो उच्च श्रेणी के व्यक्तियों - देवदूत देवता इत्यादि - की पूजा करते हैं। इन भिन्न-भिन्न श्रेणियों में से भक्तियोग किसी का तिरस्कार नहीं करता। वह इन सब को एक 'प्रतीक' नाम के अन्तर्गत करके प्रतीक-पूजा कहकर मानता है। ये सब ईश्वर की उपासना नहीं कर रहे हैं, पर प्रतीक की उपासना करते हैं, जो ईश्वर के समीप है। इन सब में से होकर वे ईश्वर की ओर पहुँचने की कोशिश कर रहे हैं, पर यह प्रतीक-पूजा हमें मुक्ति और स्वातन्त्र्य के पद तक नहीं पहुँचा सकती। यह तो हमें उन विशेष चीजों को ही दे सकती है जिनके लिए हम उनकी पूजा करते हैं। उदाहरणार्थ यदि कोई अपने मरे हुए पूर्वजों या मित्रों की पूजा करता है, तो वह उनसे शायद कुछ शक्तियाँ या कुछ सन्देश प्राप्त कर ले। इन पूजित वस्तुओं से जो विशेष देन मिलती है, वह 'विद्या' या विशेष ज्ञान कहलाती है। पर अन्तिम लक्ष्य मुक्ति तो हमें स्वयं भगवान् की पूजा से ही प्राप्त होती है।

वेदों की व्याख्या करते समय कुछ संस्कृत के पण्डित यह कहते हैं कि स्वयं सगुण-ईश्वर भी वेदों में प्रतीक है। पर यह अर्थ ठीक नहीं है। सगुण-ईश्वर प्रतीक भले ही मान लिया जाय, पर प्रतीक न तो सगुण-ईश्वर होता है और न निर्गुण-ईश्वर। प्रतीक की पूजा ईश्वर के रूप में नहीं की जा सकती। अतः यदि लोग ऐसा समझने लगें कि इन भिन्न-भिन्न प्रतीकों की - देवदूतों, पूर्वजों या पवित्र पुरुषों (महात्मा, सन्त इत्यादि) की

या मृतात्माओं की - पूजा द्वारा हम मुक्ति प्राप्त कर सकते हैं, तो यह उनकी बड़ी भूल होगी। अधिक-से-अधिक इतना ही सम्भव है कि इनके द्वारा वे कुछ शक्तियाँ प्राप्त कर लें, पर मुक्त तो उन्हें केवल ईश्वर ही कर सकता है; परन्तु इस कारण इन प्रतीकों का तिरस्कार नहीं करना है; उनकी पूजा का कुछ-न-कुछ फल तो होता ही है। जो मनुष्य इससे उच्च और कुछ नहीं समझता, वह इन प्रतीकों से कुछ शक्ति, कुछ सुख भले ही प्राप्त कर ले; पर दीर्घ काल के अनुभव के उपरान्त जब वह मुक्तिलाभ के लिए तैयार हो जायगा, तब वह स्वयं ही इन प्रतीकों को त्याग देगा।

इन सब भिन्न-भिन्न प्रतीकों में से सब से अधिक प्रचार परलोकगत मित्रों की पूजा का है। मित्रों के लिए व्यक्तिगत प्रेम मानव-प्रकृति में इतना दृढ़ होता है कि जब हमारे किसी की मृत्यु हो जाती है तो हम पुनः एक बार उसका दर्शन करना चाहते हैं। हम उसके शरीर को छाती से लगा लेते हैं। हम यह भूल जाते हैं कि जीवितावस्था में उसके शरीर में सदा परिवर्तन हुआ करता था। उसके मरने पर हम समझते हैं कि वह स्थायी हो जाता है और हम उसे उसी तरह देख सकेंगे। यही नहीं, यदि मेरा मित्र या पुत्र, जो जीवन-काल में दुष्ट था, अब मर गया है, तो मैं समझता हूँ कि वह बड़ा सज्जन था और वह अब मेरे लिए ईश्वर बन गया है।

भारत में ऐसे अनेक लोग हैं, जो मृत शिशु के शरीर को जलाते नहीं वरन् गाड़ देते हैं, और उस पर एक मन्दिर बना देते हैं। वह छोटा शिशु उस मन्दिर का ईश्वर बन जाता है। किसी भी देश में धर्म का यह एक बहुत प्रचलित रूप हैं। और ऐसे तत्त्ववेत्ताओं की भी कमी नहीं है, जो समझते हैं कि सब धर्मों का मूल यही रहा है। पर यह निश्चय है कि वे इसे सिद्ध नहीं कर सकते। तो भी हमें यह स्मरण रखना चाहिए कि प्रतीकों की पूजा हमें मोक्ष या मुक्ति प्रदान नहीं कर सकती। इसके अलावा इसमें डर (या जोखिम) भी बहुत है। डर इस बात का है कि प्रतीक वहाँ तक तो ठीक हैं, जहाँ तक वे हमें अगली सीढ़ी में पहुँचाते हैं, पर ९९ प्रतिशत सम्भावना तो यह है कि हम सारा जीवन इन्हीं प्रतीकों से चिपके रहेंगे।

किसी सम्प्रदाय-विशेष में जन्म लेना बहुत अच्छा है, पर उसी में मर जाना बहुत बुरा है। अधिक स्पष्ट रीति से कहा जाय तो किसी सम्प्रदाय में जन्म लेना और उसकी

शिक्षा ग्रहण करना बहुत अच्छा है। उससे सद्गुणों का विकास होता है। पर अधिकांश संख्या तो ऐसों की होती है, जो उसी छोटे-से सम्प्रदाय में रहते हुए मृत्यु को प्राप्त हो जाते हैं। न वे उससे बाहर निकलते हैं और न उनकी उन्नति होती है। इन सब प्रतीकों की उपासना में बहुत बड़ा भय नहीं है। मनुष्य कहता है कि ये सब मार्ग की सीढ़ियाँ है, जिनके द्वारा वह अपने ध्येय की ओर जा रहा है। पर जब वह बूढ़ा हो जाता है, तो भी हम उसे उन्हीं में चिपके हुए पाते हैं। यदि कोई युवक चर्च को नहीं जाता तो वह निन्दनीय है पर यदि कोई व्यक्ति बुढ़ापे में भी चर्च जाना जारी रखता है, तो वह भी निन्दा का पात्र है। उसका अब बच्चे के खेल से और क्या मतलब? चर्च द्वारा उसे अब तक कोई उच्चतर वस्तु प्राप्त हो जानी चाहिए थी। उसे अब बुढ़ापे में उपासनाविधि और प्रतीकों से तथा उसी तरह की प्रारम्भिक साधनाओं से क्या प्रयोजन?

'ग्रन्थ-पूजा' इस प्रतीक का एक जबरदस्त बल्कि सब से बढ़कर नमूना है। प्रत्येक देश में हम पायेंगे कि 'ग्रन्थ' ने ईश्वर का स्थान ले रखा है। मेरे देश में कुछ ऐसे सम्प्रदाय हैं, जिनका विश्वास है कि ईश्वर अवतार लेकर मनुष्य बनता है, पर ईश्वर को अवतारी पुरुष बनकर वेदों के अनुसार ही चलना चाहिए। यदि उसके उपदेश वेदों से असंगत हैं, तो उन उपदेशों को लोग नहीं मानेंगे। बौद्धों के अतिरिक्त अन्य सम्प्रदाय वाले भी बुद्ध की पूजा करते हैं। पर यदि तुम उनसे कहो कि जब तुम बुद्ध की पूजा करते हो, तो उसके उपदेशों को भी क्यों नहीं मानते? तो उत्तर मिलेगा कि उनके उपदेशों ने वेद को स्वीकार नहीं किया है। 'ग्रन्थ-पूजा' का यही अर्थ है। धर्मग्रंथ के नाम की आड़ में कितनी ही मिथ्या बातें खप सकती हैं। हिंदुस्तान में यदि मैं किसी नयी बात की शिक्षा देना चाहूँ और उसे केवल अपनी ही समझ की प्रामाणिकता दूँ, तो मेरी कोई न सुनेगा। पर यदि मैं वेदों से कुछ ऋचाएँ निकालकर उन्हीं की तोड़-मरोड़ करूँ और उनका अत्यन्त असम्भव अर्थ भी निकलूँ, उसमें जो कुछ भी सयुक्तिक है उसका गला घोंटकर स्वयं अपने विचारों को ही वेदों का तात्पर्य कहकर जाहिर करूँ, तो सभी मूर्ख झुण्ड-के-झुण्ड मेरे पीछे फिरेंगे! फिर ऐसे भी मनुष्य हैं, जो जोर के साथ ऐसे ईसाई- धर्म का उपदेश करते हैं कि साधारण ईसाई उसे सुनकर घबरा उठेगा। पर वे तो यही कहते हैं कि "ईसा मसीह का यही मतलब था" और सारे मूर्ख

उनके चारों ओर एकत्र हो जाते हैं। वे ऐसी कोई भी नहीं बात सीखना नहीं चाहते, जो वेदों या बाइबिल में न हो।

यह शान-तन्तुओं से सम्बन्ध रखने वाली बात है। कोई भी नयी और अद्भुत बात सुनते ही तुम चौक उठते हो, या तुम कोई नयी चीज देखते हो, तो चौंक पड़ते हो। यह मनुष्य की प्रकृति में है। विचारों के सम्बन्ध में यह और भी अधिक होता है। मन कुछ लीकों में ही दौड़ता है। नये विचारों के ग्रहण करने में अत्यधिक प्रयास करना पड़ता है, अतः ऐसे नये विचारों को पुरानी लीकों के पास ही ले जाकर रखना पड़ता है और तब हम उन्हें धीरे- धीरे ग्रहण कर लेते हैं। यह हिकमत तो अच्छी है पर नीति बुरी है। ये सुधारक जिन्हें हम उदार मत के उपदेशक कहा करते हैं, कैसी ढेर-की-ढेर असम्बद्ध या झूठ बातों का समाज में आजकल प्रचार कर रहे हैं, इसका विचार तो करो। 'ईसाई वैज्ञानिकों (Christian Scientists) के मतानुसार ईसा मसीह आरोग्य देने वाले एक सिद्धहस्त वैद्य थे। प्रेतविद्यावादियों के मत में वे एक बड़े माध्यम थे और थियोसोफिस्टों के मत में वे महात्मा थे। ये सब भाव यन्त्र के एक ही वाक्य से निकाले जाते हैं। वेदों में एक वाक्य है - "केवल सत् का ही अस्तित्व था। हे सोम्य, आदि में और कुछ नहीं था।"[1] इस वाक्य के सर शब्द के अनेक अर्थ लगाये जाते हैं। परमाणुवादी कहते हैं कि सर शब्द के अनेक अर्थ लगाये जाते हैं। परमाणुवादी कहते हैं कि 'सत्र, शब्द का अर्थ 'परमाणु' है और इन्हीं परमाणुओं से सृष्टि का निर्माण हुआ। प्रकृतिवादी कहते हैं कि उस शब्द का अर्थ 'प्रकृति' है और प्रकृति से ही सब चीजों की उत्पत्ति हुई है। शून्यवादी कहते हैं कि उस शब्द का अर्थ है 'कुछ नहीं', 'शून्य' और शून्य से ही: सब कुछ आया है। आस्तिक कहते हैं कि उस शब्द का अर्थ 'ईश्वर' है और अद्वैतवादी के मत से उसका अर्थ है पूर्ण सत्य, सत्यरूप ब्रह्म। इतनी विभिन्नता होते हुए भी सब कोई उसी वाक्य को अपना-अपना प्रमाण बताते हैं।

'ग्रंथ-पूजा' में ये ही दोष हैं, परन्तु साथ-ही-साथ उसमें एक गुण भी है। उससे बल आता है। जिन-जिन सम्प्रदायों के ग्रन्थ थे, उन्हें छोड़ बाकी सब सम्प्रदायों का आज

---

[1] सदेव सोम्येदमग्र आसीदेकमेवाद्वितीयम्

- छान्देग्ययोपनिषद, ६- २- १

लोप हो, गया है। ऐसा प्रतीत होता है कि ग्रन्थवालों का नाश कोई नहीं कर सकता। आप लोगों ने पारसियों का नाम सुना होगा। वे लोग पुराने ईरान के प्राचीन निवासी थे और उनकी संख्या एक समय लगभग एक अरब थी। अरबवासियों ने उन्हें जीता, और आधुनिक पारसी अपने ही घर में मुसलमान हो गये हैं! उनमें से मुट्ठी-भर पारसी अपने ग्रन्थ को लेकर अपने सतानेवालों के पास से भागे और उसी ग्रन्थ ने उन्हें आज तक कायम रखा है। फिर यहूदियों का विचार कीजिये। यदि उनके ग्रन्थ न होते, तो दुनिया में से वे कब के मिट गये होते, पर उनके ग्रंथ ने ही उनकी जीवनीशक्ति को बनाये रखा है। उनके 'तालमूद' ने ही, उन पर घोर अत्याचार होते हुए भी, उन्हें बनाये रखा है। यही ग्रन्थ का सब से बड़ा लाभ है। वह सभी बातों को एक निश्चित रूप देकर बुद्धिग्राह्य और सहजगम्य बना देता है, और अन्य सब प्रतिमाओं की अपेक्षा आसानी से उपयोग में लाया जा सकता है। ग्रन्थ को वेदी पर रख दीजिये। सभी उसके दर्शन करते हैं। अच्छी पुस्तक को सभी लोग पढ़ते हैं। '

पर मुझे इस बात का भय है कि मैं कही पक्षपाती न समझा जाऊँ। मेरे मत में तो पुस्तकों से लाभ की अपेक्षा हानि ही अधिक हुई है। ये पुस्तकें कई भ्रमात्मक सिद्धान्तों के लिए उत्तरदायी हैं। भिन्न-भिन्न मत पुस्तकों से ही निकलते हैं और पुस्तकों पर ही दुनिया के धार्मिक अत्याचारों और कट्टरता की जिम्मेदारी है। आधुनिक काल में ये अन्य सर्वत्र मिथ्यावादियों को0 उत्पन्न कर रहे हैं। प्रत्येक देश में असत्यवादियों की जो संख्या फैली हुई है, उसे देखकर तो मैं अवाक् हो जाता हूँ।

दूसरा विचारणीय विषय है 'प्रतिमा', या मूर्तियों का उपयोग। संसार में सर्वत्र एक-न-एक रूप में मूर्तियाँ आपको मिलेंगी ही। कहीं-कहीं उस मूर्ति का आकार मनुष्य का है और यही सब से उत्कृष्ट रूप है। यदि मैं किसी मूर्ति की पूजा करना चाहूँ तो मैं पशु, इमारत या अन्य किसी आकृति की अपेक्षा मनुष्य की ही आकृति को अधिक पसन्द करूंगा। एक सम्प्रदाय समझता है कि अमुक रूप में ही मूर्ति ठीक तरह की है, तो दूसरा समझता है, नहीं वह बुरी है। ईसाई समझते हैं कि जब ईश्वर कबूतर के रूप में आया, तब तो ठीक था; पर जब वह गाय के रूप में आता है, जैसा कि हिन्दू लोग मानते हैं, तो वह बिलकुल गलत और कुसंस्कारपूर्ण है। यहूदी समझते हैं कि यदि मूर्ति

सन्दूक के आकार की हो, जिसके किनारों पर दो देवदूत बैठे हों और जिसमें एक पुस्तक हो, तब तो वह ठीक है, पर यदि वही मूर्ति पुरुष या स्त्री के आकार की हो, तो वह भयंकर है! मुसलमान समझते हैं कि नमाज के समय यदि मस्जिद और काबा की मूर्ति अपने मन में लाने का प्रयत्न करें और पश्चिम की ओर अपना मुँह कर लें, तो बिलकुल दुरुस्त है, पर यदि चर्च के आकार की मूर्ति बनी हो, तो वह बुतपरस्ती (idolatry) है। यह है मूर्ति-पूजा का दोष। परन्तु फिर भी ये सभी आवश्यक सीढ़ियाँ प्रतीत होती हैं।

धर्मग्रंथों में हमारा अन्धविश्वास जितना ही कम हो, उतना ही हमारे लिए श्रेयस्कर है। हमने स्वयं क्या अनुभव किया, यही सवाल है। ईसा, बुद्ध या मूसा ने जो किया, उससे हमें कोई मतलब नहीं, जब तक कि हम भी अपने लिए वही अनुभव न प्राप्त कर लें। यदि हम एक कमरे में बन्द हो जायें और मूसा ने जो खाया उसका विचार करें तो उससे हमारी क्षुधा शान्त नहीं हो सकती। उसी प्रकार मूसा के जो विचार थे, उन्हीं को सोचने से हमारी मुक्ति नहीं हो सकती। इन बातों में मेरे विचार बिलकुल मौलिक हैं। कभी-कभी तो मैं यह सोचता हूँ कि मेरे विचार तभी ठीक हैं, जब वे प्राचीन आचार्यों के विचारों से मिलते-जुलते हैं, पर दूसरे समय मैं यह समझता हूँ कि उन लोगों के विचार तभी ठीक हैं, जब वे मुझसे सहमत होते हैं। स्वतन्त्रतापूर्वक विचार करने में मेरा विश्वास है। इन आचार्यों से बिलकुल स्वतन्त्र रहकर विचार करो। उनका सब प्रकार आदर करो, पर धर्म की खोज स्वतन्त्र होकर ही करो। मुझे अपने लिए प्रकाश अपने आप ढूँढ निकालना होगा, जैसा कि उन्होंने अपने लिए खोज निकाला था। उन्हें जिस प्रकाश की प्राप्ति हुई उससे हमारा सन्तोष कदापि न होगा। तुम्हें स्वयं बाइबिल 'बनना पड़ेगा', उसका अनुसरण करना नहीं। हाँ केवल रास्ते के दीपक के समान, राह-प्रदर्शक साइन-बोर्ड या निशान के समान उसका आदर करना होगा। धर्मग्रन्थ की सारी उपयोगिता इतनी ही है। पर ये मूर्तियों तथा अन्य वस्तुएँ हैं बहुत आवश्यक। अपने मन को एकाग्र करने के प्रयत्न में या किसी विचार पर मन को दृढ़ रखने के लिए भी तुम देखोगे कि अपने मन में मूर्ति या आकृति बनाने की आवश्यकता स्वाभाविक रीति से होती है। उसके बिना काम नहीं चल सकता।

दो प्रकार के मनुष्यों को किसी मूर्ति की आवश्यकता नहीं होती - एक तो मानवरूपधारी पशु जो कभी धर्म का विचार ही नहीं करता, और दूसरा पूर्णत्व को प्राप्त हुआ व्यक्ति जो इन सब सीढ़ियों को पार कर गया होता है। इन दोनों छोरों के बीच में ही सब को किसी-न-किसी बाहरी या भीतरी आदर्श की आवश्यकता होती है। यह आदर्श चाहे किसी स्वर्गीय मनुष्य के रूप का हो अथवा जीवित पुरुष या स्त्री के रूप का। यह व्यक्तित्व और शरीर की पूजा है तथा बिलकुल स्वाभाविक है। हमारी प्रवृत्ति ही स्थूल रूप देने की है। यदि हम स्थूल रूप देनेवाले न होते, तो यहाँ रहते ही कैसे? हम स्थूल रूपधारी आत्मा हैं और इसी कारण हम आज अपने को यहाँ इस पृथ्वी पर पाते हैं। स्थूल रूप ने ही हमें यहाँ लाया और वही हमें यहाँ से बाहर निकालेगा। 'विषस्य विषमौषधम्, 'कण्टकेनैव कण्टकम्'। इन्द्रियविषयक पदार्थों की ओर झुकने के कारण हमारा मनुष्य-रूप हुआ है, और हम कहने के लिए चाहे जो भी इसके विरुद्ध कहें, पर हम मानवरूप व्यक्तियों की पूजा या उपासना करने के लिए बाध्य हैं।

"व्यक्ति की उपासना मत करो" यह कहना तो बहुत आसान है, पर साधारणतः जो मनुष्य ऐसा कहता है, वही अत्यधिक व्यक्तित्व की उपासना करनेवाला देखा जाता है। विशेष-विशेष पुरुषों और स्त्रियों के प्रति उसकी अत्यधिक आसक्ति रहा करती है। उन लोगों की मृत्यु के पश्चात् भी वह आसक्ति नहीं जाती और मृत्यु के उपरान्त भी वह उनका अनुसरण करना चाहता है। यह मूर्तिपूजा है, मूर्तिपूजा का आदि-कारण अथवा बीज है। और कारण का अस्तित्व रहते हुए वह किसी-न-किसी रूप में अवश्य प्रकट होगी। क्या किसी साधारण पुरुष या स्त्री के प्रति आसक्ति रखने की अपेक्षा ईसा या बुद्ध की मूर्ति के प्रति व्यक्तिगत आसक्ति रखना कहीं अधिक श्रेष्ठ नहीं है? पाश्चात्य के लोग कहते हैं "ईसा मसीह की मूर्ति के सामने घुटने टेकना बुरी बात है" पर वे लोग किसी स्त्री के सामने घुटने टेककर "तुम्हीं मेरे प्राण हो मेरे जीवन की ज्योति हो, मेरी आँखों का प्रकाश हो, मेरी आत्मा हो" आदि-आदि कहने में दोष नहीं मानते। यह तो मूर्तिपूजा से भी गयी-बीती बात है। उस स्त्री को 'मेरी आत्मा', 'मेरे प्राण: कहना भी क्या है? चार दिनों के बाद यह सब भाव काफूर हो जाते हैं। यह

केवल इन्द्रियों की आसक्ति है, फूलों के ढेर से ढका हुआ यह स्वार्थ का प्रेम है, या उससे भी गया-बीता कुछ और है। कवि लोग इसका सुन्दर नामकरण कर देते हैं और उस पर गुलाब-जल छिड़क देते हैं, पर है असल में वह वही घृणित आसक्ति। क्या इसकी अपेक्षा बुद्ध की प्रतिमा या जिनेन्द्र की मूर्ति के सामने घुटने टेककर यह कहना कि "तुम्हीं मेरे प्राण हो" श्रेष्ठ नहीं है? मैं उसके बदले इसको सौ बार कहूँगा।

एक प्रकार का प्रतीक और है जिसे पाश्चात्य देशों में नहीं मानते, पर जिसकी शिक्षा हमारे अन्यों में है। वह है मन को ईश्वर मानकर पूजा करना। किसी भी वस्तु को ईश्वर मानकर पूजा करना एक सीढ़ी ही है। वह परमेश्वर की ओर मानो एक कदम बढ़ने, उसके कुछ अधिक समीप जाने के समान है। यदि कोई मनुष्य अरुन्धती तारे को देखना चाहता है, तो उसे उसके समीप का एक बड़ा तारा पहले दिखाया जाता है, और जब उसकी दृष्टि बड़े तारे पर जम जाती है, तब उसको उसके बाद उससे छोटा एक दूसरा तारा दिखाते हैं। ऐसा करते-करते क्रमशः उसको 'अरुन्धती' तक ले जाते हैं। उसी तरह ये भिन्न-भिन्न प्रतीक और प्रतिमाएँ ईश्वर तक पहुँचा देती हैं। बुद्ध और ईसा की उपासना प्रतीक-पूजा है। इससे हम ईश्वर की उपासना के समीप पहुँचते हैं। पर बुद्ध की पूजा या ईसा की उपासना से मनुष्य का उद्धार नहीं हो सकता। उसे तो इसके और आगे उस ईश्वर तक जाना चाहिए, जिस ईश्वर ने बुद्ध और ईसा के रूप में अपने को प्रकट किया; क्योंकि अकेला ईश्वर ही हमें मुक्ति दे सकता है।

कुछ तत्त्ववेत्ता ऐसा कहते हैं कि इनको ही ईश्वर मानना चाहिए - ये प्रतीक नहीं स्वयं भगवान् हैं ईश्वर हैं। फिर भी हमें इनसे चिढ़ने का कोई कारण नहीं है। हम तो इन सब भिन्न-भिन्न प्रतीकों को मुक्ति-मार्ग के विभिन्न सोपान मान सकते हैं। पर इन प्रतीकों की उपासना करने में यदि हम यह समझें कि हम ईश्वर की उपासना कर रहे हैं, तो यह हमारी भूल है। यदि मनुष्य समझता है कि ईसा की उपासना करने से ही अपना उद्धार हो जाएगा, तो यह उसकी निरी भूल है। यदि कोई मनुष्य किसी मूर्ति, भूतों या मृत-पुरुषों की आत्माओं की पूजा करता है और ऐसा मानता है कि उसी से उसका उद्धार होगा, तो वह सर्वदा भ्रम में है। तुम पूजा किसी भी वस्तु की कर सकते हो - पर हाँ उसमें ईश्वर को देखते हुए। मूर्ति को भूल जाओ और उसमें ईश्वर के दर्शन करो। तुम

किसी वस्तु का आरोपण ईश्वर पर मत करो अर्थात् किसी वस्तु को ईश्वर मत मान बैठो, बल्कि उसमें ईश्वर को व्याप्त देखो। इसका अर्थ है कि जिस आकृति की तुम पूजा करते हो, उसी के भीतर ईश्वर को सीमाबद्ध मत कर रखो, पर उस आकृति को तथा अन्य जिस किसी भी आकृति की तुम पूजा करना चाहो उसे ईश्वर से भर दो अर्थात् ईश्वर से परिव्याप्त जानो। इस तरह तुम एक बिल्ली में भी ईश्वर की पूजा कर सकते हो। पर बिल्ली को भूल जाओ और उसमें ईश्वर को विराजमान कर लो, तो तुम्हारा यह कार्य बिलकुल ठीक होगा; क्योंकि 'उसी ईश्वर से सभी वस्तुओं की उत्पत्ति है।' वह ईश्वर सभी वस्तुओं में हैं। हम एक चित्र की पूजा ईश्वर की तरह कर सकते हैं, पर ईश्वर को वह चित्र मानकर नहीं। चित्र में ईश्वर की भावना करना ठीक है। पर, चित्र को ईश्वर समझना भूल है। बिल्ली के भीतर ईश्वर का अनुभव करना बिलकुल ठीक है। उसमें कोई आपत्ति नहीं। यह तो ईश्वर की यथार्थ पूजा है, परन्तु बिल्लीरूपी ईश्वर तो प्रतीक मात्र है।

तत्पश्चात् भक्ति में बड़ी महत्त्वपूर्ण बात है 'शब्द' - नामशक्ति या नाम का प्रभाव। सारा विश्व नाम और रूप से बना है। यहाँ तो नाम और रूप का संयोग है, अथवा केवल नाम ही है और रूप मानसिक कल्पना है। अतः अन्ततोगत्वा, नाम और रूप के अतिरिक्त कुछ भी नहीं है। हम सब का यही विश्वास है कि ईश्वर के न तो नाम है न रूप, पर ज्योंही हम उसके विषय में सोचते हैं, त्योंही उसे नाम और रूप दोनों दे देते हैं। चित्त एक शान्त जलाशय के समान है और विचार उस चित्त पर तरंग के सदृश है। नाम और रूप इन तरंगों के उठने के सामान्य तरीके हैं। नाम और रूप के बिना कोई तरंग उठ नहीं सकती। एकरूपता या एकरसता (uniformity) का चिन्तन नहीं किया जा सकता। वह चिन्तन के परे है। ज्योंही वह विचार और विचार्य वस्तु बन जाती है, त्योंही उसका नाम और रूप होना ही चाहिए। हम इनको अलग नहीं कर सकते।

कई पुस्तकों में लिखा है कि ईश्वर ने शब्द से इस सृष्टि की रचना की है। संस्कृत के 'शब्द-ब्रह्म' में वही भाव है जो 'शब्द' के सम्बन्ध में ईसाई मत का सिद्धान्त है। इस पुरातन भारतीय सिद्धान्त को भारतीय उपदेशक सिकन्दरिया ले गये और वहाँ इस सिद्धान्त की जड़ जमायी। इस तरह वहाँ 'शब्द' की और उसके साथ 'अवतार' की

कल्पना प्रतिष्ठित हुई। इस भावना में कि ईश्वर ने समस्त वस्तुओं की रचना शब्द से की, गूढ़ अर्थ है। स्वयं ईश्वर निराकार है, अतः रूपों के यानी सृष्टि के विस्तार के वर्णन करने का यह सुन्दर तरीका है। 'रचना' या 'उत्पन्न करना' के लिए संस्कृत शब्द है 'सृष्टि' जिसका अर्थ है विस्तार। "ईश्वर ने 'कुछ नहीं, या 'शून्य' से सब चीजों को बनाया" - यह उक्ति कितनी निरर्थक है! विश्व या संसार का विस्तार ईश्वर से हुआ है। ईश्वर ही विश्व या संसार बन जाता है और उसी में यह संसार पुनः वापस समा जाता है और फिर से वहीं से बाहर निकलता है और पुनः उसी में विलीन हो जाता है। सदैव यही क्रम चला करेगा।

हम देखते हैं कि मन में किसी वस्तु का विचार (या प्रादुर्भाव) नाम और रूप के बिना नहीं हो सकता। कल्पना करो कि तुम्हारा मन बिलकुल शान्त है, उसमें कोई विचार या भावना नहीं है; तथापि कोई विचार मन में उठते ही तुरन्त यह नाम और रूप धारण कर लेगा। प्रत्येक विचार का कोई-न-कोई नाम और एक-न-एक रूप हुआ ही करता है। इस तरह सृष्टि या विस्तार वस्तु ही ऐसी है कि उसका नाम और रूप से नित्य सम्बन्ध है। इससे हम देखते हैं कि मनुष्य जो भी विचार करता है या कर सकता है, उसका सम्बन्ध किसी शब्द से उसके अंगभूत की तरह होना चाहिए। अतएव, जैसे तुम्हारा शरीर तुम्हारे मानसिक विचार का परिणाम या विकास है - मानो तुम्हारा विचार ही स्कूल रूप धारण करके बाहर आ गया है - ठीक उसी तरह इस संसार को भी मन से उत्पन्न हुआ या मन का ही विकास मानना बिलकुल स्वाभाविक है। और यदि यह सत्य है कि संसार एक ही पैमाने पर बनाया गया है, तो यदि तुम एक परमाणु की रचना कैसे हुई है यह जान लो, तो सारे विश्व की रचना कैसे हुई यह भी समझ सकोगे ' यदि यह सत्य है कि स्वयं हमारे शरीर में बाहरी शरीर से स्थूल रूप बना है और विचार से उसके भीतर का सूक्ष्मतर अंश, तथा दोनों का शाश्वत अटूट अविच्छेद्य सम्बन्ध है, तो जिस समय तुम्हारे शरीर का अन्त हो जायगा, उस समय तुम्हारे विचार का भी अन्त हो जायगा। यह तो तुम प्रतिदिन देख सकते हो। उदाहरणार्थ, जब किसी मनुष्य के दिमाग में गड़बड़ी हो जाती है, तो उसके विचारों में भी गड़बड़ी मच जाती है, क्योंकि दोनों यथार्थ में एक ही है - एक स्कूल है और दूसरा सूक्ष्म। जड़-पदार्थ और

मन दो भिन्न वस्तुएँ हैं ही नहीं। जैसे वायु के दीर्घ विस्तार में उसी वायु-तत्त्व के विभिन्न घनत्व पाये जाते है, और जैसे-जैसे हम ऊपर जाते हैं, उसका घनत्व उत्तरोत्तर कम होता जाता है, उसी तरह शरीर को भी जानिये। यहाँ से वहाँ तक सम्पूर्ण एक ही वस्तु है। केवल एक तह या परत पर दूसरी तह या परत स्थूलतर से सूक्ष्मतर होती गयी है। पुनश्च, यह शरीर उँगली के नखों के समान है। जैसे हम अपने नखों को काटते हैं और पुनः वे नख बढ़ जाते हैं, उसी तरह हमारे सूक्ष्म विचारों से ही एक के बाद दूसरा शरीर उत्पन्न हुआ करता है। जो वस्तु जितनी अधिक सूक्ष्म होती है, वह उतनी ही अधिक स्थायी होती है। यह हम सदा देखते हैं। उसी प्रकार वह जितनी ही स्थूलतर होती है, उतनी ही कम स्थायी होती है।

इस प्रकार हम देखते हैं कि उसी एक अभिव्यक्त करनेवाली शक्ति 'भाव' या 'विचार' की स्थूल अवस्था 'रूप' है और नाम उसकी सूक्ष्म अवस्था है। पर ये तीनों एक हैं। वह 'एकत्व' (Unity) भी है और त्रित्व' (Trinity) भी। वे उसी एक वस्तु के अस्तित्व की तीन अवस्थाएँ हैं। सूक्ष्मतम, घनीभूत और अत्यन्त घनीभूत। जहाँ एक रहता है वही शेष दोनों भी होते हैं'। जहाँ नाम है, वहाँ रूप और भाव भी हैं। यदि सृष्टि और शरीर एक ही नियम से बने हैं, तो यह स्वभावतः सिद्ध होता है कि सृष्टि में भी ये तीन अवस्थाएँ या भेद - रूप, नाम और भाव होने चाहिए। 'भाव' तो सृष्टि का सूक्ष्मतम अंश है यथार्थ प्रेरक-शक्ति है और वही 'ईश्वर' कहलाता है। हमारे शरीर की पार्श्वभूमि में जो 'भाव' है वह 'आत्मा' कहलाता है और सृष्टि की पार्श्वभूमि में जो 'भाव' है वह 'ईश्वर'। तदुपरान्त आता है 'नाम'। और सब से अन्त में 'रूप' जिसे हम देखते और स्पर्श करते हैं। उदाहरणार्थ तुम एक अमुक मनुष्य हो, इस महान् विश्व में एक क्षुद्र विश्व हो, एक विशिष्ट आकारवान् शरीर हो और उसके पीछे एक विशिष्ट नाम हो, जैसे श्रीमान् 'क' या श्रीमती 'ग' और उसके भी पीछे एक 'विचार' या 'भाव' हो। उसी तरह यह समस्त विश्व-सृष्टि है। जो उससे अनन्त-गुनी बड़ी है। उसके पीछे भी 'नाम' है जिससे इस समस्त बाहरी संसार का विकास या विस्तार हुआ है। वह नाम है 'शब्द-ब्रह्म' और उसके पीछे है ईश्वर, सर्वव्यापी भाव, जो सांख्यमतानुसार महत् यानी सर्वव्यापी चित्-शक्ति अथवा ज्ञान कहलाता है। वह नाम क्या है? वह

कौनसा नाम है? उसका कोई नाम तो होना ही चाहिए। सारा संसार समप्रणालीक है। आधुनिक विज्ञान तो यह निश्चयपूर्वक सिद्ध करता है कि प्रत्येक परमाणु उसी तत्त्व से बना है, जिससे की समग्र विश्व। यदि हम मिट्टी के एक ढेले को जान गये, तो सम्पूर्ण विश्व या ब्रह्माण्ड को जान गये। यदि मैं इस मेज को पूरा-पूरा हरएक पहलू से जान गया, तो मैंने समस्त ब्रह्माण्ड को जान लिया। मनुष्य इस ब्रह्माण्ड का प्रतिनिधि-रूप या प्रतिबिम्ब-रूप है। मनुष्य स्वयं ही ब्रह्माण्ड का एक छोटा स्वरूप है। मनुष्य में हम देखते हैं कि रूप है उसके पीछे नाम है और उसके भी पीछे भाव अर्थात् मननकारी व्यक्ति है। अतः ब्रह्माण्ड भी ठीक इसी ढाँचे पर होना चाहिए। '

प्रश्न अब यह है कि वह कौन-सा नाम है? हिन्दू-मत के अनुसार वह नाम या शब्द 'ॐ' है। प्राचीन मिस्रवासी भी यही मानते थे। "जिसे प्राप्त करने के लिए मनुष्य ब्रह्मचर्य साधता है वह क्या है वह मैं तुमसे संक्षेप में कहूँगा - वह है 'ॐ'।[1] "यह 'ॐ' ही ब्रह्म है, यह पुराण पुरुष है और जो इस 'ॐ' के रहस्य को जान लेता है, वह मनोवांछित फल प्राप्त करता है।"[2]

यह ' ॐ' ही सम्पूर्ण ब्रह्माण्ड या ईश्वर का नाम है। यह उप ही बाह्य सृष्टि और ईश्वर दोनों का सूचक है। पर हम विश्व को खण्ड-खण्ड के रूप से भी ले सकते हैं, जिस तरह कि भिन्न-भिन्न इन्द्रियाँ उसका अनुभव करती हैं अर्थात् हम स्पर्श, रूप, रस और अन्य रीतियों से भी विश्व का विचार कर सकते हैं। प्रत्येक दशा में हम इस जगत् को भिन्न-भिन्न दृष्टि से लाखों जगत् में विभक्त कर सकते हैं और उनमें से प्रत्येक अपने में सम्पूर्ण होगा, प्रत्येक का एक नाम होगा, एक रूप होगा तथा उसके पीछे एक 'भाव' रहेगा। हरएक के पीछे रहने वाले ये ही भाव भिन्न-भिन्न प्रतीक हैं। उनमें से प्रत्येक का एक-एक नाम है। इन बहुविध पवित्र नामों या शब्दों का व्यवहार भक्तियोग में होता है।

---

[1] यदिच्छन्तो ब्रह्मचर्य चरन्तितत्ते पद संग्रहेण ब्रवीम्योमित्येतत्।

- कठोपनिषद् १- २- १५

[2] एतद्धबेवाक्षरंब्रह्म एद्धबेवाक्षर परम्।
एतद्धधेवाक्षर ज्ञात्वा तो यदिच्छति तस्य तत्।।

- कठोपनिषद् १ - २- १६

इन नामों में अपरिमित शक्ति रहती है। इनके जपने से ही हमें मनोवांछित फल की प्राप्ति हो सकती है हम पूर्ण सिद्धि प्राप्त कर सकते हैं। पर दो बातों की आवश्यकता है। कठोपनिषद् कहता है - 'आश्रयों वक्ता कुशलोग्स्य लब्धा' (अलौकिक गुरु और वैसा ही शिष्य हो)। यह नाम ऐसे व्यक्ति से मिलना चाहिए, जिसने यथार्थ उत्तराधिकार अर्थात् परम्परा से उसे प्राप्त किया हो। आध्यात्मिक शक्ति का स्रोत अत्यन्त पुरातन काल से गुरु- शिष्य परम्परा में से बहता आया है। जिसके पास से इस शब्द की प्राप्ति होती है, वह 'गुरु' और जिसको यह शब्द दिया जाता है, वह 'शिष्य' कहलाता है। नियमित रूप से जब शब्द या मन्त्र की प्राप्ति हो चुकी, जब उनका बारम्बार जाप भी हो चुका, तब समझ लो कि भक्तियोग में बहुत प्रगति की जा चुकी। उस नाम के जप से ही भक्ति की उच्चतम अवस्था भी प्राप्त हो जायेगी। "तेरे अनन्त नाम हैं। उसके क्या अर्थ हैं सो तू ही समझता है; ये सब नाम तेरे ही हैं और इनमें से प्रत्येक में तेरी अनन्त शक्ति है। इन नामों के जप के लिए न कोई विशेष काल चाहिए, न कोई विशेष स्थान। सभी काल और सभी स्थान पवित्र हैं। तू इतना सुलभ है तू इतना दयालु है! मैं कितना अभागा हूँ कि तेरे प्रति मुझमें प्रेम नहीं है!"[1]

---

[1] नाम्नामकारि बहुधा निजसर्वशक्तिः तत्रार्पिता नियमितः स्मरणे न कालः।
एतादृशी तव कृपा भगवन् ममापि दुर्दैवमीदृशमिहाजनि नानुरागः।

- श्रीकृष्णचैतन्य

इष्ट

गत अध्याय में इष्ट के सम्बन्ध में कहा गया है। उस इष्ट के सिद्धान्त को आप लोग ध्यान देकर सुनिये क्योंकि उसे ठीक-ठीक समझ लेने पर हम दुनिया के सभी भिन्न-भिन्न. धर्मों को समझ सकते हैं। 'इष्ट' शब्द 'इष' धातु से बना है। 'इष' का अर्थ है इच्छा करना, पसन्द करना, चुनना। सभी धर्मों सभी सम्प्रदायों का आदर्श तथा मानवजाति का आदर्श एक ही है और वह है मुक्तिलाभ तथा दुःखों की निवृत्ति। जहाँ कहीं धर्म देखोगे वहाँ यही पाओगे कि यही आदर्श एक-न-एक रूप में कार्य कर रहा है। यद्यपि धर्म की निचली श्रेणियों में यह आदर्श उतने स्पष्ट रूप से प्रकाशित नहीं होता, पर स्पष्ट हो अथवा अस्पष्ट यही एक ध्येय है जिसकी ओर हम सब अग्रसर हो रहे है।

हम दुःखों से, प्रतिदिन के दुःख-कष्टों से छूटना चाहते हैं और मुक्ति पाने के लिए - भौतिक, मानसिक और आध्यात्मिक मुक्तिलाभ के लिए छटपटा रहे हैं। संसार-चक्र इसी भावना को लेकर प्रवर्तित हो रहा है। उद्देश्य एक ही होते हुए भी वहाँ तक पहुँचने के मार्ग भिन्न-भिन्न हो सकते हैं। ये मार्ग हमारी प्रकृति की विशेषताओं के अनुसार निश्चित किये जाते हैं। एक मनुष्य की प्रकृति भावुक होती है, दूसरे की बौद्धिक तथा तीसरे की प्रकृति में कर्मशीलता होती है, इत्यादि-इत्यादि। पुनः उसी एक प्रकृति में और भी अनेक प्रभेद हो सकते हैं। उदाहरणार्थ 'प्रेम' को लीजिये, जिसका भक्ति के साथ विशेष सम्बन्ध है। एक मनुष्य की प्रकृति में बच्चे के लिए अधिक प्रेम हो सकता है, दूसरे की प्रकृति में पत्नी के लिए, किसी में माता, किसी में पिता तथा किसी में मित्रों के लिए। इसी प्रकार किसी में अपने देश के लिए प्रेम रहता है और कुछ इने-गिने लोगों का प्रेम विशाल मानवता के प्रति हुआ करता है। पर ऐसे लोगों की संख्या बहुत ही कम होती है, यद्यपि हरएक व्यक्ति इस प्रेम की बात तो जरूर ही करता है, मानो वही उसके जीवन की मार्गदर्शक और प्रेरक-शक्ति हो। इस प्रकार के प्रेम का अनुभव कुछ सन्तों ने किया है। इस बृहत् मानव-समाज में कुछ महान् आत्माओं को ही इस

विश्व-प्रेम का अनुभव हुआ करता है और हम आशा करते हैं कि यह संसार ऐसे महात्माओं से कभी भी शून्य न होगा। हम देखते हैं कि एक विषय में साध्य कि प्राप्ति के इतने भिन्न-भिन्न मार्ग हैं। सभी ईसाई ईसा मसीह में विश्वास करते हैं पर सोचो तो सही उनके बारे में कितने भिन्न-भिन्न विचार इन लोगों के होते हैं। हर एक चर्च या ईसाई-सम्प्रदाय ईसा मसीह को भिन्न-भिन्न रूप में देखता है भिन्न-भिन्न दृष्टिकोण से देखता है। 'प्रिसबिटेरियन' की आंखों में ईसा के जीवन का वह दृश्य महत्त्व का जँचता है, जब वे सिक्का बदलनेवालों के पास गये! उनकी आँखों में ईसा योद्धा ही जँचते हैं। पर यदि तुम 'क्वेकर' से पूछो तो वह शायद यही कहेगा कि ' उन्होंने अपने शत्रुओं को क्षमा प्रदान की। 'क्वेकर' का यही मत है। इसी तरह और भी जानो। यदि रोमन कैथलिक से पूछो कि तुम्हें ईसा मसीह की जीवनी का कौन-सा अंश विशेष प्रिय है तो शायद वह यही कहेगा, 'जब उन्होंने कुंजिका पीटर को दे दीं। 'अस्तु?।

इस प्रकार प्रत्येक सम्प्रदाय उन्हें अपने ही तरीके से देखने के लिए बाध्य है। इससे यह सिद्ध होता है कि एक ही विषय में बहुत-से भेद-प्रभेद होंगे। अज्ञानी लोग इनमें से किसी एक प्रभेद को ले लेते हैं और उसी को अपना आधार बना लेते हैं। और वे विश्व का अर्थ अपनी दृष्टि के अनुसार करके दूसरों के अर्थ का केवल निषेध ही नहीं करते, वरन् यह कहने तक का साहस करते हैं कि दूसरों का मार्ग बिलकुल गलत है तथा केवल उन्हीं का सत्य है। यदि उनका विरोध किया जाता है, तो वे लड़ने लगते हैं। वे कहते हैं कि जिस मनुष्य का धार्मिक विश्वास उन्हीं की तरह का नहीं है, उसे वे कत्ल कर डालेंगे; जैसे कि धर्मान्धों ने भूतकाल में किया है और भिन्न-भिन्न देशों में आज भी कर रहे हैं। ये लोग अपने को ही प्रामाणिक मानते हैं और शेष दूसरों को कुछ नहीं समझते। पर इस भक्तियोग में हम किस भाव या भूमिका का आश्रय लेना चाहते हैं? दूसरों से केवल इतना कहने से काम न बनेगा कि तुम्हारा मार्ग गलत नहीं है, बल्कि हमें उनसे यह कहना होगा कि तुम जिस मार्ग का अनुसरण कर रहे हो, वह ठीक है। तुम्हारी प्रकृति के अनुसार जो मार्ग तुम्हारे लिए अनिवार्य हो, वही तुम्हारे लिए यथार्थ मार्ग है। हरएक मनुष्य अपने पूर्व-जन्म के फलस्वरूप प्रकृति में विशेषता लेकर पैदा होता है। चाहे उसे आप उसके पूर्व-जन्म के कर्मों का फल कहिये अथवा पूर्वजों से प्राप्त संस्कार। आप उसकी व्याख्या चाहे जैसी कीजिये, पर हम हैं तो अतीत के ही

परिणाम। यदि कुछ भी सत्य है तो इतनी बात तो बिलकुल सत्य है, चाहे वह अतीत हमारे पास किसी भी मार्ग से आया हो।

इसका स्वाभाविक निष्कर्ष यह है कि हममें से हरएक की वर्तमान दिशा अपने भूतकालीन कारण का ही कार्य है। वर्तमान अतीत का ही फल है। इस कारण हममें से प्रत्येक की एक विशेष गति, एक विशेष प्रवृत्ति होती है और इसीलिए प्रत्येक को अपना मार्ग स्वयं निर्धारित करना पड़ता है। यह मार्ग, यह तरीका, जो हमारी प्रवृत्ति के अनुकूल है, हमारा 'इष्ट मार्ग' कहलाता है। यही 'इष्ट' का तत्त्व है और जो मार्ग हमारा है उसे हम अपना इष्ट कहते हैं। उदाहरणार्थ किसी मनुष्य की ईश्वर के प्रति यह धारणा है कि वह विश्व का सर्वशक्तिमान् शासक है। संभवतः उस मनुष्य की प्रकृति उसी प्रकार की है वह एक अहंकारी मनुष्य है और सब पर शासन करना चाहता है। अतः वह स्वभावतः ईश्वर को सर्वशक्तिसम्पन्न शासक मानता है। दूसरा मनुष्य, जो शायद स्कूलमास्टर है और कठोर स्वभाव का है ईश्वर को न्यायी या दण्ड देनेवाला मानता है। वह अन्य भावना नहीं कर सकता।

इस प्रकार हरएक व्यक्ति अपनी अपनी प्रकृति के अनुसार ईश्वर का एक-एक रूप मानता है। अपनी अपनी प्रकृति के अनुसार निर्माण किया हुआ यह रूप ही हमारा इष्ट होता है। हम अपने को ऐसी अवस्था में ले आये हैं, जहाँ हम ईश्वर का केवल वह रूप देखते हैं; हम उसका अन्य कोई रूप देख ही नहीं सकते। आप कभी-कभी शायद किसी मनुष्य को उपदेश देते हुए सुनकर यह सोचेंगे कि यही उपदेश सर्वश्रेष्ठ है और आपके बिलकुल अनुकूल है। दूसरे दिन आप अपने एक मित्र को उसके पास जाकर उसका उपदेश सुन आने को कहते हैं, और वह यह विचार लेकर लौटता है कि आज तक उसने जितने उपदेश सुने, उनमें वह सब से निकृष्ट है। उसका ऐसा कहना गलत नहीं है और उसके साथ झगड़ा करना निरर्थक है। उपदेश तो ठीक था, पर उस मनुष्य के उपयुक्त नहीं था। और भी व्यापक रूप से कहें : हमें यह समझ लेना चाहिए कि सत्य सत्य भी हो सकता है और साथ ही मिथ्या भी। इसमें विरोधाभास तो है पर याद रहे कि निरपेक्ष सत्य एक ही है, किन्तु सापेक्ष सत्य अवश्य अनेक हो सकते हैं। उदाहरणार्थ इस विश्व के सम्बन्ध में ही अपनी भावना को लीजिये। यह विश्व एक निरपेक्ष अखण्ड वस्तु है, जिसमें परिवर्तन नहीं हो सकता और न हुआ है। वह सदा

एकरस ही है। पर आप हम और हर कोई इस विश्व को अलग-अलग देखता और सुनता है। सूर्य को ही लीजिये। सूर्य एक है पर जब आप और हम और सौ अन्य मनुष्य भिन्न भिन्न स्थानों में खड़े होकर सूर्य की ओर देखते हैं तो हममें से प्रत्येक व्यक्ति सूर्य को अलग-अलग देखता है। स्थान का थोड़ा-सा ही अन्तर सूर्य के दृश्य को मनुष्य के लिए भिन्न बना देता है। जलवायु में थोड़ा-सा हेर-फेर हो जाय, तो दृश्य में और भी भिन्नता आ जायगी। इसी तरह सापेक्ष अनुभवों में सत्य सदा अनेक दिखायी देता है। पर निरपेक्ष सत्य तो एक ही है। अतः यदि दूसरों के धर्म का वर्णन हमारी धर्म की भावना से मेल न खाता हो तो हमें उनसे लड़ने की कोई आवश्यकता नहीं। हमें स्मरण रखना चाहिए कि परस्पर विपरीत दिखते हुए भी हमारे और उनके दोनों के विचार सत्य हो सकते हैं। ऐसी करोड़ों त्रिज्याएँ (radii) हो सकती हैं, जो सूर्य के उसी एक केन्द्र में जाकर लीन हो जाती हैं। दो त्रिज्याएँ केन्द्र से जितनी दूरी पर होंगी, उन दोनों में उतना ही अधिक अन्तर होगा, परन्तु जब वे केन्द्र में जाकर एक साथ मिलेंगी तब सात भेद दूर हो जायगा। ऐसा ही एक केन्द्र है जो मनुष्य मात्र का परम ध्येय है। बह है ईश्वर। हम सब त्रिज्याएँ हैं। हमारी प्राकृतिक मर्यादाएँ, जिनमें से होकर ही हम ईश्वर के स्वरूप को ग्रहण कर सकते हैं, इन त्रिज्याओं के बीच के अन्तर हैं। जब तक हम इस भूमिका पर खड़े हैं, तब तक हममें से प्रत्येक को उस परमतत्त्व के भिन्न-भिन्न दृश्य दीख पड़ना अनिवार्य है। अतः ये सभी दृश्य सत्य हैं और हमें आपस में झगड़ा करने की आवश्यकता नहीं है। हमारे मतभेदों को सुलझाने के लिए उस केन्द्र के निकट पहुँचना ही एकमात्र उपाय है। बहस या लड़ाई द्वारा यदि हम अपने मतभेदों को दूर करना चाहें तो सैकड़ों वर्ष तक प्रयत्न करने पर भी हम किसी निर्णय पर न पहुँचेंगे। इतिहास इस बात का साक्षी है। सुलझाने का एक ही मार्ग है और वह है आगे बढ़ना तथा केन्द्र की ओर जाना। और जितनी जल्दी हम ऐसा करेंगे, उतनी ही जल्दी हमारे मतभेद दूर हो जायँगे।

अतः 'इष्ट' के इस सिद्धान्त का अर्थ यह है कि हर किसी को अपना धर्म स्वयं चुन लेने की स्वतन्त्रता है। कोई भी मनुष्य किसी दूसरे से जबरदस्ती न करे। सभी मनुष्यों को एक ही झुण्ड में शामिल करने की चेष्टा करना, सभी को भेड़िया- धसान की तरह हाँककर एक ही कोठरी में बन्द करने का प्रयत्न फौजी बल, जबरदस्ती या

बहस द्वारा हरएक से उसी एक देवता की पूजा कराने के प्रयत्न भूतकाल में निष्फल हुए हैं और भविष्य में भी निष्फल होंगे, क्योंकि प्रकृतियों की विभिन्नता के कारण ऐसा हो सकना या ऐसा हो सकना असम्भव है। यही नहीं, वरन् इससे मनुष्यों के विनाश होने की सम्भावना है। शायद विरला ही पुरुष या स्त्री ऐसे हो, जो किसी- न-किसी धर्म के पालन के खटपट में न लगे हो, पर सन्तोष कितनों को मिला है? सन्तोष या कुछ पानेवालों की संख्या कितनी अल्प है! थोड़े ही लोगों को कुछ मिलता है। और ऐसा क्यों होता है? इसीलिए कि उनमें से बहुतेरे असम्भव कार्यों में हाथ डाल देते है। वे इन मार्गों में दूसरों के आदेश से जबरदस्ती डाल दिये गये है उदाहरणार्थ, मेरे बचपन में ही मेरे पिता मेरे हाथ में एक छोटी-स्त्री पुस्तक दे देते हैं और कहते हैं, ईश्वर इस प्रकार का है और यह ऐसा-ऐसा है। मेरे मन में इन बातों को भर देने का उनका क्या काम? मेरा विकास किस तरह होगा यह उन्हें क्या मालूम? मेरी प्रकृति का विकास कहाँ तक हुआ है, यह उन्हें विदित नहीं है, तथापि वे अपने विचारों को मेरे दिमाग में घुसाना चाहते हैं। फल यह होता है कि मेरे मन का विकास रुक जाता है। तुम किसी पौधे को ऐसी जमीन में नहीं बढ़ा सकते, जो उसके उपयुक्त नहीं है। बालक अपने आप ही सीख लेता है। तुम तो उसे उसके ही मार्ग में आगे बढ़ने के लिए सहायता मात्र दे सकते हो। तुम उसके लिए जो कर सकते हो, वह कोई विधेयात्मक नहीं वरन् निषेधात्मक यानी विघ्न-निवारण रूप का हो सकता है। तुम उसके मार्ग की कठिनाइयों को दूर कर दे सकते हो, पर ज्ञान तो उसके अपने स्वभाव से ही उत्पन्न होता है। जमीन को कुछ पोली कर दो, जिसके अंकुर आसानी से फूट सके। उसके चारों ओर एक घेरा बना दो, सावधानी रखो कि कोई उसे नष्ट न कर डाले, पाला या बरफ से उसका नाश न हो जाय। बस यहीं तुम्हारे कर्तव्य की इतिश्री हो जाती है। इससे अधिक और कुछ तुम नहीं कर सकते। शेष सब तो उसकी प्रकृति के भीतर से ही अभिव्यक्त होता है।

यही बात बालक की शिक्षा के सम्बन्ध में भी है। बालक स्वयं सीख लेता है। आप मेरी बातें सुनने आये हैं। घर जाकर, आपने जो यहाँ सीखा है तथा यहाँ आने के पूर्व आपके मन में जो था उन दोनों का मिलाप कीजिये। तब आपको पता लगेगा कि यही बात तो आपने भी सोची थी; मैंने तो केवल उस बात को प्रकट मात्र किया है। मैं

आपको किसी बात की शिक्षा नहीं दे सकता। शिक्षा तो आप स्वयं ही अपने को देंगे। मैं तो शायद आपको अपने उस विचार के प्रकट करने में सहायता ही दे सकूँ। उसी प्रकार और उससे भी अधिक धर्मशिक्षा में मुझे अपना गुरु स्वयं ही बनना होगा। मेरे सिर में तरह-तरह की निरर्थक बातें भर देने का मेरे पिता को क्या अधिकार है? मेरे सिर में ऐसी बातों को भर देने का मेरे मालिक को ही क्या अधिकार है? इन बातों को मेरे दिमाग में ठूंस देने का अधिकार समाज को भी कैसे हो सकता है? सम्भव है ये विचार अच्छे हो, पर मेरा मार्ग उनसे भिन्न हो सकता है। करोड़ों निर्बोध बालकों की अन्तरात्माओं की जो हत्या हमारे उपदेश के गलत तरीकों के कारण हो रही है तथा उनसे जो भयंकर अनिष्ट इस संसार में हो रहा है, उसका विचार तो कीजिये। कितनी ही ऐसी सुन्दर चीजें जो आगे चलकर सुन्दर आध्यात्मिक सत्यों के पुष्पों के रूप में प्रस्कुटित होतीं उन्हें हमने वंशपराम्परागत धर्म, सामाजिक धर्म, राष्ट्रीय धर्म इत्यादि ही भयंकर भावनाओं द्वारा कलिका-रूप में ही कुचल डाला है! सोचिये तो सही अभी भी आपके दिमाग में आपके बाल्यकाल के धर्म या अपने देश के धर्म के सम्बन्ध में कैसे-कैसे अन्धविश्वास भरे पड़े हैं और उनसे कितना अनिष्ट हो रहा है या हो सकता है। मनुष्य यह नहीं जानता कि उससे कितना अनिष्ट हो सकता है। और यह अच्छा ही है कि वह इसे नहीं जान सकता। कारण, यदि वह इस बात को एक बार जान ले, तो वह आत्महत्या कर बैठे। प्रत्येक विचार या कार्य के पीछे कितनी प्रबल अन्तःशक्ति है उसे वह नहीं जानता। "जहाँ देवताओं को कदम रखने में डर लगता है, वहाँ मूर्ख लोग दौड़ पड़ते हैं" - यह उक्ति बहुत सच है। इस बात पर प्रारम्भ से ही ध्यान रखना चाहिए। और वह किस तरह? इष्ट में विश्वास के द्वारा।

आदर्श बहुत से हैं। मुझे कोई अधिकार नहीं कि मैं आपको बताऊँ कि आपका आदर्श क्या होना चाहिए, या कि आपके गले जबरदस्ती कोई आदर्श मढ़ दूँ। मेरा तो यह कर्तव्य होगा कि आपके समुख मैं इन विभिन्न आदर्शों को रख दूँ, और आपको अपनी प्रकृति के अनुसार जो आदर्श सब से अधिक अनुकूल जँचे, उसे ही आप ग्रहण करें और उसी ओर अनवरत प्रयत्न करें। वही आपका 'इष्ट' है वही आपका विशेष आदर्श है। इस तरह हम देखते हैं कि एक सामूहिक धर्म नहीं हो सकता। धर्म का यथार्थ कार्य तो स्वयं अपने ही चिन्तन का अपने ही निश्चय करने का विषय है।

मेरी अपनी एक भावना है। मुझे उसको पवित्र और गुप्त रखना चाहिए, क्योंकि मैं जानता हूँ कि वही भावना आपकी भी हो, यह आवश्यक नहीं है। दूसरी बात यह कि हर किसी को मैं अपनी भावना के सम्बन्ध में बताकर अशान्ति क्यों फैलाऊँ दूसरे लोग आकर मुझसे लड़ेंगे। यदि मैं उन्हें अपने विचार न बताऊँ, तो वे मुझसे नहीं लड़ सकते। पर यदि मैं अपने विचार उन्हें बतलाता फिरूँगा, तो वे अवश्य मेरा विरोध करेंगे। अतः अपने विचारों को बतलाते फिरने से क्या लाभ? इष्ट को गुप्त ही रखना चाहिए, क्योंकि यह तो आपके और ईश्वर के बीच की बात है।

धर्म के सिद्धान्तसम्बन्धी अंशों का उपदेश आम तौर से जनता में दिया जा सकता और सामुदायिक भी बनाया जा सकता है, पर उच्चतर धर्म सार्वजनिक रीति से प्रकट नहीं किया जा सकता। पाँच मिनट की सूचना पाते ही मैं अपने धार्मिक भाव तैयार नहीं कर सकता। इस पाखण्ड और नकल का भला क्या परिणाम होगा? यह तो धर्म की हँसी उड़ाना है घोर अधर्म है। फल वही होता है, जो आप आजकल के गिर्जाघरों में देखते हैं। इस धार्मिक कवायत में भला मनुष्य कैसे टिक सकता है? यह तो फौजी छावनी की सिपाहियों का-सा कार्य हुआ। हाथ उठाओ घुटने टेको किताब लो, सब कुछ एक साथ हुक्म के मुताबिक हों। दो मिनट भक्ति, दो मिनट ज्ञानचर्चा, दो मिनट प्रार्थना - सब कुछ पूर्वनिश्चित क्रम से हों। ये भयानक बातें हैं। शुरू से ही इन बातों से बचना चाहिए। धर्म के नाम से यह जो दिल्लगी हो रही है, उसने असली धर्म को दूर भगा दिया है; और यदि इसी प्रकार कुछ शताब्दियों तक और चला, तो धर्म का पूरा लोप हो जाएगा। चर्चों में सिद्धान्त, तत्त्वज्ञान इत्यादि का भले ही मनमाना उपदेश हुआ करे, पर जब धर्म के यथार्थ व्यावहारिक अंश के पालन का समय आये, तब तो वैसा ही करना चाहिए, जैसा ईसा मसीह ने कहा है "जब तुम प्रार्थना करो, तब अपने कमरे के अन्दर चले जाओ और जब दरवाजा बन्द कर लो, तब अपने परमपिता परमात्मा से प्रार्थना करो, जो कि गुप्त रूप से है।"

इस इष्ट के सिद्धान्त का आप जैसे-जैसे विचार करेंगे वैसे-वैसे पता लगेगा कि भिन्न-भिन्न प्रवृत्तियों की आवश्यकता के अनुसार धर्म को व्यावहारिक बनाने को दूसरों के साथ झगड़े के मौकों को टालने का और धार्मिक जीवन में यथार्थ व्यावहारिक प्रगति करने का यही एक मार्ग है। पर मैं आपको एक बात की चेतावनी दे

देता हूँ, कि मेरी बातों का कहीं अनर्थ मत कर बैठिये। मेरा कहना यह नहीं कि आप गुप्त-सभाएं स्थापित कर लें। यदि शैतान हो, तो मैं उसकी तलाश किसी गुप्त-सभा के कमरे में ही करूँगा। शैतान इन गुप्त-सभाओं का विशेष आविष्कार है। गुप्त-सभाएँ स्थापित करना शैतान की कार्रवाई है। यह इष्ट की भावना तो पवित्र है गुप्त नहीं। आपको अपने इष्ट के विषय में दूसरों से क्यों नहीं कहना चाहिए? इसलिए कि वह आपकी निजी पवित्र वस्तु है। उससे दूसरों को सहायता शायद मिल जाय पर यह आपको कैसे मालूम कि सहायता के बदले कही आघात न मिले? सम्भव है, कोई मनुष्य ऐसी प्रकृति का हो कि वाह साकार ईश्वर की पूजा या उपासना नहीं कर सकता। वह केवल निराकार ईश्वर - अपनी उच्चतम आत्मा - की ही उपासना कर सकता है। मान लीजिये कि, मैं उसे आप लोगों के बीच ले आया और वह आप लोगों को बताने लगा कि कोई साकार ईश्वर नहीं है, वरन् आपमें और मुझमें जो आत्मा है, बढ़ी ईश्वर हैं। तब तो आपको आघात पहुँचेगा। उसके विचार पवित्र हैं, पर गुप्त नहीं हैं। ऐसा कोई बड़ा धर्म या आचार्य नहीं हुआ, जिसने ईश्वर-विषयक सत्यों का उपदेश देने के लिए गुप्त-सभाएँ स्थापित की लें। भारतवर्ष में ऐसी कोई गुप्त-सभाएँ नहीं हैं। ये तो पाश्चात्यों की कल्पनाएं हैं,, जिन्हें वे भारतवर्ष पर लादना चाहते हैं। हम तो ऐसी बातें कभी जानते तक न के और भारतवर्ष में गुप्त-समस्याएँ हों ही किसलिए? यूरोप में तो मनुष्यों को धर्म के विषय में एक शब्द तक उच्चारण करने की स्वतंत्रता नहीं थी जो चर्च के मत के अनुसार न हो। इस कारण उन बेचारों को पर्वत में जाकर छिपकर गुप्त-सभाएँ करने के सिवाय दूसरा चारा ही न था। ऐसा किये बिना वे लोग अपने-अपने मत के अनुसार उपासना नहीं कर सकते थे। पर भारतवर्ष में ऐसा जमाना कभी न था, जब दूसरों से भिन्न मत रखने के करण किसी मनुष्य पर अत्याचार हुआ हो। गुप्त धार्मिक सभाओं की स्थापना से बढ़कर भयानक कृत्य कल्पना में नहीं लाया जा सकता। मैंने काफी दुनिया देख ली है और मैं जानता हूँ कि इन गुप्त-सभाओं से कैसे-कैसे अनिष्ट हुआ करते हैं और कितनी आसानी से ये सभाएँ फिसलकर प्रेमी-प्रेमिकाओं की सभा या भूत-सभा का रूप धारण कर लेती है, वहाँ जाकर किस प्रकार मनुष्य दूसरे पुरुष या स्त्रियों के चंगुल में पड़कर नाचता है और विचार एवं कार्य के क्षेत्र में अपनी भावी उन्नति की सारी सम्भावनाएं धूल में मिला डालता है। मेरी इन बातों से आप में से कुछ लोगों को शायद रंज होता होगा, पर सच बात मुझे कहनी ही चाहिए। भले ही जीवन-भर में मुझे केवल आधे दर्जन स्त्री-पुरुष ही अनुयायी मिलें, पर वे लोग सच्चे पुरुष

और स्त्री हों, पवित्र और निष्ठावान् हों। मुझे झुण्ड-के-झुण्ड अनुयायी नहीं चाहिए। झुण्डों से क्या लाभ? संसार का इतिहास कुछ थोड़े दर्जन मनुष्यों से ही बना है। ऐसे मनुष्यों की गणना उँगलियों पर की जा सकती है। बाकी लोग तो निकम्मे और शोरगुल मचा-नेवाले ही थे। इन सब गुप्त-सभाओं और पाखण्डों से पुरुष और स्त्री अपवित्र, दुर्बल और संकुचित बन जाते हैं। दुर्बलों की कोई इच्छाशक्ति नहीं रहती और वे कभी काम नहीं कर सकते। अतः ऐसी चीजों से कोई वास्ता ही न रखो। ये सब गुप्त रूप में विषय-वासनाएँ हैं मिथ्या रहस्य-प्रेम है। ज्योंही ये आपके मन में प्रवेश करें इनके सिर पर आघात करके इन्हें नष्ट कर देना चाहिए। किंचित् भी अपवित्रता के रहते मनुष्य धार्मिक नहीं बन सकता। पीब-भरे घावों को गुलाब के फूलों से ढाँकने का प्रयत्न मत करो। क्या तुम समझते हो कि तुम ईश्वर को ठग सकते हो? ईश्वर को कोई ठग नहीं सकता। मुझे सरल हृदयवाला पुरुष या स्त्री दो; और हे भगवन्! मुझे इन भूतों उड़नेवाले देवदूतों और शैतानों से बचाओ। तुम सीधे-सादे साधारण मनुष्य बनो।

अन्य प्राणियों की तरह हममें भी सहज-प्रेरणा है जिसके कारण, बिना जाने ही, बिना इच्छा किये ही हम यन्त्रवत् अंगों का संचालन किया करते हैं। तत्पश्चात् हममें इससे एक उच्चतर प्रेरक-शक्ति है, जिसे हम विचार-शक्ति कहते हैं, जिसके द्वारा बुद्धि अनेक बातों को ग्रहण करके उनसे कोई निष्कर्ष निकालती है। फिर उससे भी उच्चतर रूप का एक और शान है जिसे हम inspiration अन्त:स्कूर्ति, दिव्य-दृष्टि या दिव्यज्ञान) कहते हैं, जो तर्क नहीं करता और एक दमक या लपक (flash) में ही चीजों को जान जाता है। वही परमोच्च ज्ञान है। पर उसमें और सहज-प्रेरणा में भेद किस तरह करोगे? यह बड़ा कठिन है। आजकल कोई भी मूर्ख आकर आपसे कहने लगता है कि मुझे दिव्य-शान हुआ है। यह कहता है, "मुझे दिव्यज्ञान है, अतः मेरे लिए एक मन्दिर बनवा दो मेरे पास झुण्ड-के- झुण्ड आओ, मेरी पूजा करो।" प्रश्न यह है कि हम दिव्यज्ञान और धोखेबाजी को कैसे पहचाने?

प्रथमतः, दिव्यज्ञान को विचार-शक्ति के विपरीत नहीं होना चाहिए। वृद्ध मनुष्य बालक के विपरीत नहीं हुआ करता। वह तो बालक का ही विकसित, प्रौढ़ या उन्नत रूप होता है। जिसे हम दिव्य-स्फूर्ति या दिव्य-ज्ञान कहते हैं, वह विचार-शक्ति का ही प्रौढ़ या उन्नत रूप है। दिव्य-शान की प्राप्ति का मार्ग तो विचार-शक्ति में से होकर ही जाता है। दिव्य-ज्ञान को विचार-शक्ति का विरोध नहीं करना चाहिए। जहाँ वह ऐसा

करता हो वहाँ उसे दूर कर दो। हमारे अंगों का जो संचालन सहज-प्रेरणा के कारण हुआ करता है वह विचार-शक्ति के विपरीत नहीं रहता। सड़क पार करते समय गाड़ियों के धक्के से बचने के लिए तुम किस तरह सहज-प्रेरित हो कार्य करते हो! क्या तुम्हारा मन कहता है कि अपने शरीर को उस तरह बचाना मूर्खता का काम था? कभी नहीं कहता! यथार्थ दिव्य-शान तो कभी भी विचार-शक्ति का विरोधी नहीं होगा। जहाँ ऐसा हो, उसे भ्रमजाल ही समझना चाहिए।

द्वितीयत: ऐसा दिव्य-शान हरएक की भलाई का हेतु होता है, नाम या कीर्ति या व्यक्तिगत स्वार्थ का नहीं। वह तो सदा संसार की भलाई के लिए होगा और पूर्णतया निःस्वार्थ ही होगा। जब इन कसौटियों में वह दिव्य- ज्ञान ठीक-ठीक उतरे तब उसे दिव्य-शान मानने में कोई हानि नहीं। संसार की इस वर्तमान परिस्थिति में लाख में एक भी दिव्यज्ञानी या दिव्यदर्शी नहीं है यह स्मरण रखो। आज ऐसे बहुत ही कम लोग हैं। पर मैं आशा करता हूँ कि उनकी संख्या बढ़ेगी और आप में से प्रत्येक वैसा बन जायगा। हमने तो अभी धर्म का केवल खिलवाड़ मचा रखा है। दिव्य-ज्ञान की स्फूर्ति होने पर ही हमें धर्म प्राप्त होने लगेगा। जैसे सेंट पाल ने कहा है "अभी तो हमें मानों काँच के भीतर से धुँधला दिखाई दे रहा है पर तब तो बिलकुल आमने-सामने देखेंगे।" किन्तु आज संसार में ऐसे लोग इने-गिने ही है, जो उस पद को पहुँच चुके हैं। फिर भी संभवतः आज के समान दिव्य- शान का झूठा दावा इतना अधिक और कभी नहीं हुआ था। ऐसा कहा जाता है कि लियो को अन्तःस्कुरण की शक्तियाँ प्राप्त रहती हैं और पुरुष विचार- शक्ति के द्वारा धीरे- धीरे अपने को ऊपर ले जाते हैं। इन कोरी बातों में विश्वास मत करो, क्योंकि दिव्यज्ञानवाले पुरुषों की संख्या उतनी ही होती है, जितनी स्त्रियों की। हाँ स्त्रियों का संभवतः तरह-तरह के प्रलाप, मूर्छा या स्नायुरोग पर अधिक दावा रह सकता है! धोखेबाज और जादूगरों का शिकार बनने की अपेक्षा नास्तिकता में जीवन बिताना कहीं अच्छा है। विचार- शक्ति तुम्हें उपयोग करने के लिए दी गयी है। तब यह दिखा दो कि तुमने उसका उचित उपयोग किया है। तभी तुम उच्चतर बातों की धारणा कर सकोगे।

हमें यह सदा स्मरण रखना चाहिए कि ईश्वर प्रेमस्वरूप है। "गंगा- किनारे बसकर जो पानी के लिए कुआँ खोदता है, वह मूर्ख नहीं तो और क्या है? हीरे की खान के

समीप रहते हुए जो काँच की गोलियाँ ढूंढ़ने में ही सारी जिन्दगी व्यतीत कर देता है, वह सचमुच मूर्ख ही है। "ईश्वर की हीरों की खान है? हम सचमुच मूर्ख हैं जो भूत-प्रेतों और उसी तरह की अन्य निरर्थक गणों के लिए ईश्वर का परित्याग करते हैं। इन भयानक जन्तुओं के घोर भय में सतत जीवन व्यतीत करने के कारण और अद्भुत वार्ता की क्षुधा उत्तेजित करते रहने के कारण स्नायुओं और दिमाग में कमजोरी आ जाती है, अतः मानव-जाति का अधःपतन हो जाता है। ये सब उद्भ्रान्त कथाएँ स्नायुओं पर अप्राकृतिक रूप से अत्यधिक दबाव पहुँचाती है और धीरे- धीरे परन्तु निश्चित रूप से इन विषयों से प्रेम रखनेवाली जाति को वीर्यहीन बना देती है। सोचिये तो सही! ईश्वर, शुद्धता, पवित्रता और धार्मिकता की बातें छोड़कर इन निरर्थक मूर्खता- भरी बातों के पीछे दौड़ना! दूसरों के मन के विचारों को जानने के लिए उत्कण्ठित रहना! यदि मैं लगातार पाँच मिनट दूसरों के विचारों को एक साथ जान लूँ? तो मैं पागल हो जाऊँगा। अतः शक्तिशाली बनो, उठो और प्रेमरूपी ईश्वर की खोज करो। यही सर्वोच्च बल है। पवित्रता की शक्ति से बढ़कर और कौन-स्त्री शक्ति हो सकती है? प्रेम और पवित्रता ही दुनिया के शासक हैं। ईश्वर का यह प्रेम बलहीनों द्वारा प्राप्य वस्तु नहीं है। अतः दुर्बल मत बनो; शारीरिक, मानसिक, नैतिक और आध्यात्मिक किसी प्रकार की दुर्बलता पास न फटकने पाये। एकमात्र ईश्वर ही सत्य है, अन्य सब कुछ असत्य है। ईश्वर के लिए सभी वस्तुओं का त्याग कर देना चाहिए।

"ईश्वर पर प्रेम करना और एक उसी ईश्वर की सेवा करना - इसे छोड़ शेष सब कुछ असार है, असारों का भी असार है। '

* * *

पूर्वभक्ति और पराभक्ति[1]

कुछ थोड़े-से ही धर्मों को छोड़ प्राय; हरएक धर्म में साकार ईश्वर की कल्पना पायी जाती है। बौद्ध और जैन धर्मों को छोड़ शायद सभी धर्मों में साकार ईश्वर की कल्पना है और उसी के साथ भक्ति और पूजा की भी। यद्यपि बौद्ध और जैन धर्मों में साकार ईश्वर की उपासना नहीं की जाती तथापि वे लोग अपने धर्मों के प्रवर्तकों को ही लेकर उनकी पूजा ठीक उसी तरह करते हैं, जैसे अन्य धर्मों में साकार ईश्वर की पूजा की जाती है।

प्रेम के उत्तर में जो प्रेम करनेवाले मनुष्य पर प्रेम कर सकता है, ऐसे प्रेमास्पद व्यक्ति की भक्ति और पूजा की कल्पना सार्वभौम है। प्रेम और भक्ति की यह कल्पना भिन्न-भिन्न धर्मों में विभिन्न मात्रा तथा भिन्न-भिन्न श्रेणियों में पायी जाती है। बाहरी अनुष्ठान की श्रेणी सबसे निकृष्ट है, जहाँ कि मनुष्य के लिए सूक्ष्म विचारों का होना प्रायः असम्भव है। अतः वह इन सबको स्थूल रूप में ही परिणत कर देना चाहता है। इसी से कई प्रकार के आकार और उनके साथ ही भिन्न-भिन्न प्रतीकों का उद्भव होता है। संसार के इतिहास में हम यही पाते हैं, कि मनुष्य भावात्मक आकारों या प्रतीकों द्वारा सूक्ष्म को ग्रहण करने का प्रयत्न कर रहा है। धर्म के सभी बाह्य उपकरण - घण्टी संगीत, अनुष्ठान, पुस्तक और मूर्तियाँ - इसी के अन्तर्गत आते हैं। जो भी वस्तुएँ इन्द्रियों को रुचती हैं और जिनके द्वारा सूक्ष्म को स्थूल रूप देने में मनुष्य को सहायता मिलती है, उन सभी वस्तुओं का आश्रय पूजा या उपासना के लिए ग्रहण किया जाता है।

समय-समय पर प्रत्येक धर्म में ऐसे सुधारक उत्पन्न हुए हैं, जो सब प्रकार के प्रतीकों और अनुष्ठानों का विरोध करते आये हैं। पर उनके प्रयत्न निष्फल रहे हैं।

[1] मैडिसन स्कवेयर कनसर्ट हाल, न्यूयार्क में १ फरवरी १८९६ को दिया हुआ भाषण।

कारण, जब तक मनुष्य बना रहेगा, तब तक मानव-जाति के अधिकांश को किसी-न-किसी स्थूल आलम्बन की जरूरत होगी जिसके चारों ओर वह अपनी सारी भावनाओं को स्थापित कर सके जो मन के सभी भावनात्मक आकारों का केन्द्र हो सके। मुसलमानों और प्रोटेस्टेंट ईसाइयों ने इस उद्देश्य से बड़े-बड़े प्रयत्न किये हैं कि सब अनुष्ठान-क्रियाएं बन्द हो जायें, पर तो भी उनमें अनुष्ठान प्रवेश कर ही गया है। ये अनुष्ठान हटाये नहीं जा सकते। दीर्घकाल के प्रयत्न के पश्चात् सर्वसाधारण जनता में केवल उतना परिवर्तन हो जाता है कि वह एक प्रतीक को छोड़ दूसरे को अपना लेती है। मुसलमान लोग परधर्मियों के प्रत्येक अनुष्ठान, आकार, प्रतिमा या विधि को पापात्मक मानते हैं, पर जब वे स्वयं अपनी मस्जिद काबा में जाते हैं, तब वे अपने इन विचारों को झाड़कर अलग कर देते हैं। प्रत्येक मुसलमान को नमाज पढ़ते समय अपने को काबा की मस्जिद में खड़ा हुआ समझना पड़ता है; और जब वह काबा की यात्रा करता है, तब वहाँ की दीवाल में जो काला पत्थर है, उसका उसे चुम्बन करना पड़ता है। उनकी धारणा यह है कि कयामत के दिन लाखों और करोड़ों यात्रियों के इस पत्थर के ये चुम्बन-चिह्न इन ईमानवाले व्यक्तियों के कल्याण के लिए सकी का रूप धारण करके उपस्थित हो जाएँगे। फिर वहाँ एक जमजम कूप है। मुसलमानों का विश्वास है कि जो इस कूप का थोड़ा-सा भी जल निकालता है, उसके पाप क्षमा कर दिये जाते हैं, उसे नया शरीर मिलता है और 'पुनरुत्थान' (resurrection) के पश्चात् वह सदा जीवित रहता है।

दूसरे लोगों में हम देखते हैं कि वह साकारौपासना इमारतों का रूप धारण करती है। प्रोटेस्टेंट समझते हैं कि उनके गिर्जाघर अन्य स्थानों से अधिक पवित्र है। उनके लिए यह गिर्जाघर ही प्रतीक का स्थान धारण करता है। फिर उनका धर्मग्रन्थ भी है। धर्मग्रन्थ की भावना उनके लिए अन्य प्रतीकों की अपेक्षा अधिक पवित्र है। प्रोटेस्टेंट लोगों में क्रास के चिह्न (+) को वही स्थान प्राप्त है जो कैथलिक लोगों में साधुओं की मूर्तियों का है। अतः प्रतीकों के उपयोग के विरुद्ध उपदेश करना निरर्थक है। और हम उनके विरुद्ध प्रचार करें भी तो क्यों? संसार में मनुष्यों के सामने जो सब प्रतीक हैं, उनके पीछे जो वस्तु या तत्त्व हैं, उस तत्त्व के प्रतिनिधि-रूप में वे उन प्रतीकों का

उपयोग न करें, इसमें तो कोई युक्तिसंगत बात दिखाई नहीं देती। यह विश्व भी तो एक प्रतीक ही है, जिसमें और जिसके द्वारा हम उसकी उस उपलक्षित वस्तु को ग्रहण करने का प्रयत्न कर रहे हैं, जो उसके पीछे है, उसके अतीत है। मानव-प्रकृति के निम्न स्तर में इनकी आवश्यकता रहती है और हम इन्हें बनाए रखने के लिए बाध्य हैं। पर साथ ही यह भी सच है कि हम उपलक्षित वस्तु की प्राप्ति के लिए प्रयत्न कर रहे हैं, भौतिकता की परिधि को लाँघकर आध्यात्मिकता के राज्य में पहुंचने की कोशिश कर रहे है। हमारा ध्येय आत्मवस्तु है, न कि भौतिक पदार्थ; आकार मूर्तियाँ, घण्टियाँ, दीपक, पुस्तकें; गिरजाघर, मन्दिर तथा अन्य सब पवित्र प्रतीक बहुत अच्छे हैं, वे आध्यात्मिकता के बढ़ते हुए पौधे के लिए बड़े सहायक होते हैं, परन्तु बस यहीं तक, इसके आगे उनकी पहुँच नहीं। अधिकांशतः तो हम यही पाते हैं कि पौधा आगे बढ़ता ही नहीं। किसी धर्म-सम्प्रदाय में जन्म लेना तो अत्युत्तम है, परन्तु उसी में मर जाना बहुत खराब है। जहाँ किसी प्रकार की पूजाविधियों द्वारा आध्यात्मिकता के छोटे पौधे को सहायता मिलती है, ऐसे सम्प्रदाय की मर्यादा के भीतर जन्म लेना बहुत अच्छा है, परन्तु यदि मनुष्य इन विधियों के बन्धन के भीतर ही रहते मर जाय, तो निस्सन्देह पौधे की वृद्धि नहीं हुई आत्मा का विकास नहीं हुआ।

अतः यदि कोई कहे कि प्रतीक, अनुष्ठान और विधियाँ सदैव रखने की चीजें है तो उसका यह कहना गलत है। पर यदि वह यह कहे कि इन प्रतीकों और अनुष्ठानों द्वारा विकास की निम्न श्रेणियों में आत्मोन्नति में सहायता मिलती है, तो उसका कथन ठीक है। पर हाँ, आत्मोन्नति को अर्थ बुद्धि का विकास समझने की भूल न कर बैठना। किसी मनुष्य की बुद्धि कितनी ही विशाल क्यों न हो, पर आध्यात्मिक क्षेत्र में, सम्भव है, वह एक बालक या उससे भी गया-बीता हो। इसी क्षण आप इसकी परीक्षा कर सकते हैं। आपमें से कितने ऐसे हैं जिन्हें सर्वव्यापित्व की कल्पना है, यद्यपि आप लोगों को सर्वव्यापी ईश्वर में ही बौद्धिक विश्वास करने के लिए सिखाया गया है! यदि आप प्रबल प्रयत्न करेंगे, तो इस सर्वव्यापकता के भाव के लिए खींचतान करके आकाश की या हरे-भरे विस्तृत मैदान की या यदि आपने देखा होगा तो समुद्र या मरुस्थल की कल्पना करेंगे। पर ये सब भौतिक मूर्तियाँ हैं और जब तक आप सूक्ष्म

को सूक्ष्म की ही आदर्श को आदर्श की ही तरह मन में ग्रहण नहीं कर सकते, तब तक इन आकारों के मार्ग से - इन भौतिक मूर्तियों के सहारे ही चलना होगा, फिर ये मूर्तियों चाहे दिमाग के भीतर हों या बाहर उससे कोई अन्तर नहीं पड़ता।

आप सब जन्म से ही मूर्तिपूजक हैं, और मूर्तिपूजा अच्छी चीज है, क्योंकि वह मानव-प्रकृति की बनावट के अन्तर्गत है। उसके परे कौन जा सकता है? केवल सिद्ध पुरुष और ईश्वरी अवतार ही। शेष सब लोग तो मूर्तिपूजक- ही हैं। जब तक आप अपने सामने अनेक रूप और अनेक आकृतियों सहित इस संसार को देख रहे हैं, तब तक आप सभी मूर्तिपूजक है। दिमाग में स्थूल मूर्तियाँ नहीं समातीं; वहाँ तो किसी स्थान में केवल थोड़ा-सा स्फुरण (sensation) ही हुआ करता है। पर फिर भी आप इस अनेक रंग-रूप और आकार-युक्त संसार की - इस महान् प्रतीकस्वरूप संसार की मूर्ति किस तरह अपने सामने ले आते हैं? क्या आप एक विशालकाय मूर्ति की उपासना नहीं कर रहे हैं? जो कहता है कि मैं शरीर हूँ, वह जन्मत: ही मूर्तिपूजक है। असल में आप सब तो आत्मा हैं - वह आत्मा, जिसका न रूप न रंग, जो अनन्त है भौतिक पदार्थ नहीं। अतः जो कोई अपने को शरीर या जड़-पदार्थ समझता है, सूक्ष्म को ग्रहण करने में असमर्थ है तथा भौतिक पदार्थ की सहायता बिना अपने वास्तविक स्वरूप को सोच नहीं सकता, उसे तो हम मूर्तिपूजक ही कहेंगे। फिर भी ऐसे लोग एक दूसरे को मूर्तिपूजक कहकर आपस में कैसे लड़ा करते हैं! मतलब यह कि हरएक व्यक्ति अपनी उपास्य मूर्ति को सच्चा बताता है और दूसरों की उपास्य मूर्ति को गलत।

अतः आध्यात्मिक क्षेत्र में जो लोग बच्चों के समान हैं, उनके मूर्खतापूर्ण विचारों को हमें अपने दिमाग से दूर कर देना चाहिए। हमें इन मनुष्यों की व्यर्थ बकवास के ऊपर उठना चाहिए। ऐसे मनुष्य तो कुछ निःसार शाब्दिक विवादों को ही धर्म मानते हैं। अथवा एक विशेष प्रकार के सिद्धान्त-वाक्यों को ही धर्म समझते हैं। उनके लिए धर्म का मतलब कुछ बौद्धिक सम्मति या असम्मति ही होता है। उनके पुरोहित जो कुछ शब्द कह दिया करते हैं, उनमें विश्वास करना ही उनका धर्म होता है। जिस बात में उनके पूर्वज विश्वास करते चले आये हैं वही धर्म है। कुछ काल्पनिक विचार और अन्धविश्वास की बातों को ही वे धर्म जानते हैं। इन बातों से वे इसीलिए चिपके हुए हैं

कि उनकी जाति और सम्प्रदाय में ये विचार पूर्वजों से चले आ रहे हैं। हमें इन बातों से ऊपर उठना चाहिए और समस्त मानव-सृष्टि को एक महान् शरीरी (organism) मानकर उसे प्रकाश की ओर क्रमशः अग्रसर होते हुए देखना चाहिए। देखना चाहिए कि मानवतारूपी यह असुत पौधा क्रमशः ईश्वर नामक उस असुत सत्य की ओर अपना विकास कर रहा है। और उस सत्य की ओर अग्रसर होने में उसकी प्रारम्भिक गतियाँ जड़ पदार्थ तथा अनुष्ठानों के माध्यम से ही होती है। इसके अतिरिक्त और दूसरा कोई मार्ग नहीं।

इन सब अनुष्ठानों के अन्तर्गत एक मुख्य तत्त्व है जो अन्य सब बातों से श्रेष्ठ है। वह है ईश्वर के किसी भी नाम की उपासना। आप में से जिन्होंने ईसाई-धर्म के पुरातन रूपों का अभ्यास किया होगा, जिन्होंने संसार के भिन्न-भिन्न धर्मों का अध्ययन किया होगा, उनका संभवतः इस बात पर ध्यान गया होगा कि उन सब में ईश्वर के नाम की उपासना का विधान है। वे सब उस नाम को अत्यन्त पवित्र बताते हैं। आपने पढ़ा होगा हिब्रू लोगों में ईश्वर के नाम को यहाँ तक पवित्र मानते थे कि साधारण मनुष्य द्वारा या साधारण प्रसंगों पर उस नाम का उच्चारण तक नहीं किया जा सकता था। उस नाम में अनुपम पवित्रता थी। वह नाम सब से अधिक पवित्र था। सब नामों से अधिक पवित्र वह था, और वे सभी इस नाम को ईश्वर समझते थे। यह बात सत्य भी है; कारण नाम और रूप के सिवाय यह सृष्टि है ही क्या? क्या आप बिना शब्द के विचार कर सकते हैं? शब्द और विचार अलग नहीं किये जा सकते। यदि आप में से कोई इन दोनों को अलग कर सकता है, तो प्रयत्न कीजिये। जब कभी आप विचार करते हैं तो शब्द-आकृति द्वारा ही विचार करते हैं। शब्द भीतरी अंश है और विचार बाहरी। ये दोनों नित्य एकत्र रहते हैं अलग नहीं हो सकते। एक दूसरे को लाता है। विचार शब्द को लाता है और शब्द विचार को। इसी प्रकार यह समस्त जगत् मानो बाह्य रूप है और इसके पीछे ईश्वर का वह महान् नाम प्रतिष्ठित है। प्रत्येक शरीर का एक रूप है और उस शरीर के पीछे उसका एक नाम है। अपने मित्र के विषय में ज्योंही आप विचार करते हैं, त्योंही आपके सामने उसके शरीर की कल्पना आ जाती है और उसके साथ उसके नाम की कल्पना भी लगी हुई, जुड़ी हुई होती है। यह मनुष्य के स्वभाव में है।

मानवशास्त्र की भाषा में मनुष्य के मानसिक क्षेत्र में रूप की कल्पना के बिना नाम की और नाम की कल्पना के बिना रूप की कल्पना ठहर सके ऐसा कभी नहीं हो सकता। ये पृथक् नहीं किये जा सकते। ये दोनों उसी एक तरंग के भीतरी और बाहरी पहलू हैं। इसी कारण संसार में सर्वत्र नाम को इतना उच्च मानते हैं और सर्वत्र नाम की उपासना की जाती है। जाने या अनजाने में नाम की यह महिमा मनुष्य के हाथ लग गयी।

फिर हम यह भी देखते हैं कि बहुत से धर्मों में पवित्र महापुरुषों की पूजा होती है। वे श्रीकृष्ण की पूजा करते हैं, बुद्ध की पूजा करते है, ईसा की पूजा करते हैं इत्यादि-इत्यादि। साधुओं की पूजा होती है। समस्त संसार में सैकड़ों साधुओं की पूजा होती है। और इनकी पूजा क्यों न हो? प्रकाश का स्फुरण तो सर्वत्र है। उल्लू अन्धकार में देखता है। इससे यह सिद्ध होता है कि अन्धकार में भी प्रकाश है। पर अँधेरे में मनुष्य को दिखाई नहीं देता। मनुष्य के लिए उस स्फुरण या स्पन्दन को ग्रहण करना तभी सम्भव होता है जब उसकी तीव्रता आँख के शानतन्तुओं में प्रभाव पैदा करने योग्य हो जाती है जैसे कि दीपक में सूर्य, में या चन्द्र में।

ईश्वर सर्वव्यापी है। प्रत्येक प्राणी में ईश्वर अपने को व्यक्त करता है, पर मनुष्य के लिए तो वह मनुष्य में ही दिख सकता है और पहचाना जा सकता है। जब उसका प्रकाश, उसकी व्यापकता, उसकी आत्मा मनुष्य के दिव्य चेहरे में से चमकती है, तभी मनुष्य उसे समझ पाता है; इस प्रकार मनुष्य सदैव मनुष्य के द्वारा ही ईश्वर की पूजा करता आया है; और जब तक वह स्वयं मनुष्य बना रहेगा तब तक इसी तरह ईश्वर की पूजा करता रहेगा। वह चाहे इसके विरुद्ध जितना भी चिल्लाये, खटपट करे, पर ज्योंही वह ईश्वर के साक्षात्कार का प्रयत्न करेगा, त्योंही उसे दिखेगा कि ईश्वर का मनुष्य के रूप में चिन्तन करना उसकी प्रकृति के लिए नितान्त आवश्यक है।

इस तरह हम देखते हैं कि ईश्वर की पूजा में तीन बातें मुख्य है, जो प्रायः प्रत्येक धर्म में होती हैं। प्रतीक या रूप, नाम और अवतार। सभी धर्मों में ये बातें किसी-न-किसी रूप में पायी जाती हैं। पर तो भी तुम देखोगे कि वे आपस में लड़ना चाहते हैं। एक कहता है, "संसार में मेरा भगवन्नाम ही एकमात्र सत्य है; मेरा भगवतरूप ही अकेला सच्चा रूप है; मेरे ईश्वर- अवतार ही सच्चे अवतार है; तुम्हारे सब मिथ्या हैं।'

आजकल ईसाई पादरी लोग अपने विचारों में कुछ मेहरबान हो गये हैं; वे कहने लगे हैं कि प्राचीन धर्म बाद में आने वाले धर्म की आगमन- सूचना देने वाली छाया मात्र थे और यह बाद का धर्म ही एकमात्र सच्चा धर्म है, जो कि हमारा धर्म है। उनकी यह धारणा है कि उन विभिन्न प्राचीन धर्मों द्वारा ईश्वर ने स्वयं अपनी परीक्षा ली तथा उन भिन्न-भिन्न रूपों द्वारा अपनी शक्तियों की जाँच की, और अन्त में वह अपने को ईसाई धर्म में ही पूर्ण रूप से प्रकट करने में सफल हो सका। यह स्थिति पुराने विचारों से कम-से-कम एक कदम आगे अवश्य है। पचास वर्ष पूर्व शायद उन्होंने इतना भी न कहा होता। तब तो अपने धर्म को छोड़ बाकी किसी चीज को वे मानते ही न थे। उनका अपना धर्म ही सर्वस्व था। इस प्रकार की भावना किसी एक धर्म या जाति या विशिष्ट मानसिक प्रवृत्तिबाले मानव- समूह तक ही सीमित नहीं है। लोग सदा यही सोचते है कि वे जो करते हैं वहीं एक करने की चीज है। यहीं पर हमें भिन्न-भिन्न धर्मों के अध्ययन से सहायता मिलती है - उससे स्पष्ट मालूम हो जाता है कि वे ही विचार, जिन्हें हम अपना कहते रहे हैं दूसरों में सैकड़ों वर्ष पूर्व विद्यमान थे, और कभी-कभी तो हमारी अपेक्षा उनके द्वारा वे विचार अधिक अच्छे ढंग से व्यक्त किये गये थे।

ये भक्ति के बाहरी रूप हैं, जिनमें से होकर मनुष्य को जाना पड़ता है। पर यदि वह सच्चा है और यथार्थ में सत्य वस्तु को प्राप्त करना चाहता है तो वह इनसे उच्चतर भूमिका में पहुँचता है, जहाँ इन बाहरी रूपों का कोई मूल्य नहीं। मन्दिर या गिर्जाघर, पुस्तकें या अनुष्ठान, ये सब धर्म की बाल-शिक्षाएँ हैं, जो उस धर्मक्षेत्र के बालक को उच्चतर भूमिका में कदम रखने लायक शक्तिशाली बनाती हैं। और यदि धर्म की उसे आकांक्षा है, तो उसके लिए ये पहले कदम - ये प्रथम सोपान आवश्यक है। ईश्वर के लिए पिपासा, ईश्वर-प्राप्ति के लिए व्याकुलता होने से सच्चा अनुराग, सच्ची भक्ति उत्पन्न होती है। पर यह व्याकुलता है किसे? प्रश्न तो यही है। सिद्धान्तवाद या बौद्धिक विवाद धर्म नहीं है। हम स्वयं ब्रह्मस्वरूप हैं यह जानकर तद्रूप हो जाना ही धर्म है। प्रत्यक्ष अनुभव करना ही धर्म है। हम हर एक को ईश्वर, आत्मा और विश्व के रहस्यों की बातें करते सुनते हैं, पर यदि आप उनमें से एक-एक को लेकर यह पूछते जायें कि 'क्या तुमने ईश्वर का साक्षात्कार किया है? अपनी आत्मा को देखा है?' तो उनमें से कितने लोग 'हाँ' कहने का साहस करेंगे? फिर भी वे सब आपस में लड़ रहे हैं!

एक बार भारतवर्ष में विभिन्न सम्प्रदायों के प्रतिनिधि एकत्र हुए और विवाद करने लगे। एक ने कहा 'शिव ही एकमात्र ईश्वर हैं। ' दूसरा बोल उठा, 'एकमात्र ईश्वर तो विष्णु हैं।' इस प्रकार उनके विवादों का कोई अन्त न था। इतने में वहाँ से एक ऋषि जा रहे थे। इन विवादकों ने उन्हें निर्णय करने के लिए बुलाया। ऋषिवर वहाँ गये और उन्होंने शिव के ही सब से बड़े ईश्वर होने का दावा करनेवाले मनुष्य से पूछा, 'क्या तुमने शिव को देखा है? क्या उनसे तुम्हारा परिचय है? यदि ऐसा नहीं है, तो तुम कैसे जानते हो कि वे सब से बड़े ईश्वर हैं? तत्पश्चात् उन्होंने विष्णु के उपासक की ओर देखकर उससे भी वही प्रश्न किया, 'क्या तुमने विष्णु को देखा है?' इसी तरह बारी-बारी से उन्होंने प्रत्येक से प्रश्न किया। तब पता लगा कि उनमें से कोई ईश्वर के विषय में कुछ भी नहीं जानता था। इसी कारण वे इतना झगड़ा कर रहे थे। यदि उन्हें यथार्थ ज्ञान होगा, तो वे बहस न करते। पानी भरते समय खाली घड़ा आवाज करता है पर जब घड़ा भर जाता है तब आवाज बन्द हो जाती है। अतः इन सम्प्रदायों में बहस और झगड़ों का होना ही यह सिद्ध करता है कि ये लोग धर्म का कुछ भी नहीं जानते। उनके लिए तो धर्म का अर्थ है निरर्थक शब्दराशि, जिसे पुस्तकों में भर देना चाहिए। हरएक को एक बृहद्‌ग्रन्थ लिखने की जल्दी पड़ी है। जहाँ हाथ लग जाय, उसी पुस्तक से सामग्री चुराकर और किसी का ऋण बिना स्वीकार किये ही अपने ग्रन्थ को जहाँ तक हो बृहत्कार्य बनाने की धुन उस पर सवार रहती है। तत्पश्चात् वह अपनी पुस्तक को संसार में प्रचलित करके वहाँ की वर्तमान अशान्ति में और भी वृद्धि कर देता है।

अधिकांश लोग तो नास्तिक हैं। मुझे इसका आनन्द है कि इस जमाने में पश्चिमी दुनिया में नास्तिकों का एक और दल उत्पन्न हुआ है। वह है जड़वादी। ये जड़वादी निष्कपट नास्तिक हैं। धार्मिक नास्तिक लोग कपटी होते हैं धर्म की बातें करते है धर्म के लिए लड़ते हैं पर उन्हें धर्म की आकांक्षा नहीं है। उन्हें धर्म की 'चाह' नहीं है। वे कभी धर्म का 'साक्षात्कार' करने का प्रयत्न नहीं करते। वे धर्म को 'समझने' की कोशिश नहीं करते। ऐसे धार्मिक नास्तिकों से जड़वादी नास्तिक अच्छे हैं। ईसा के उन वचनों को याद रखो "माँगों और वह तुम्हें दे दिया जायगा ढूंढ़ो और तुम पाओगे खटखटाओं और तुम्हारे लिए दरवाजा खोल दिया जायगा।" ये शब्द अक्षरशः सत्य हैं। ये न तो रूपक हैं न काल्पनिक। ये ईश्वर के श्रेष्ठतम पुत्रों में से एक के हृदयोद्गार हैं,

जिनका हमारे इस संसार में अवतार हुआ था। ये शब्द साक्षात्कार के फलस्वरूप मिले थे, पुस्तकों से उद्धृत किये हुए नहीं थे। ये हमें उन महापुरुष से प्राप्त हुए हैं, जिन्होंने ईश्वर का अनुभव प्राप्त किया था; स्वयं परमात्मा का साक्षात्कार किया था; ईश्वर से बातें की थीं जो ईश्वर के साथ रहते थे - हम और आप जिस प्रकार इस इमारत को देख रहे हैं उससे भी सौगुना अधिक प्रत्यक्ष रूप से जिन्होंने ईश्वर को जाना था।

पर ईश्वर की चाह किसे है? यही प्रश्न है। क्या आप समझते है कि संसार का यह सारा जनसमुदाय ईश्वर-प्राप्ति की इच्छा रखते हुए भी ईश्वर को नहीं पा सक रहा है? यह असम्भव है। ऐसी कौन-स्त्री इच्छा है जिसको पूर्ण करनेवाला पदार्थ बाहर नहीं है? मनुष्य साँस लेना चाहता है और उसके साँस लेने के लिए हवा मौजूद है। वह खाना चाहता है और उसके खाने के लिए अन्न विद्यमान है। इन इच्छाओं को कौन उत्पन्न करता है? इन बाह्य वस्तुओं का अस्तित्व ही इन इच्छाओं को उत्पन्न करता है। प्रकाश के ही कारण आँखों की उत्पत्ति हुई और शब्द के ही कारण कान की। इस प्रकार मनुष्य की समस्त आकांक्षाओं की उत्पत्ति किसी-न-किसी बाहर रहनेवाले पदार्थ के ही कारण हुई है। अतएव पूर्ण सिद्धि प्राप्त करने की, इष्ट ध्येय तक पहुँचने की तथा प्रकृति के परे जाने की आकांशा भी कैसे आ सकती है जब तक कि किसी ने उसे उत्पन्न न किया हो, मानव- आत्मा में उसे भिदा न दिया हो और वहाँ उसकी स्थिति न कर दी हो? अतः जिस मनुष्य में ऐसी आकांक्षा जागृत हो उठी है, वह उस उद्देश्य को अवश्य प्राप्त करेगा। पर यह आकांक्षा है किसमें? हमें ईश्वर के सिवाय बाकी सभी चीजों की आकांक्षा है। यह जो अपने चारों ओर देखते हो, वह धर्म नहीं है। एक गृहिणी का दीवानखाना दुनिया के सभी स्थानों से आयी हुई तरह-तरह की चीजों से सजा है। पर आजकल का फैशन है कि कुछ जापानी चीजें भी चाहिए, इसलिए एक जापानी फूलदान मोल लेकर उसे भी वह अपने कमरे में स्थापित करती है। अधिकांश मनुष्यों का धर्म इसी प्रकार का है। उपभोग की सभी वस्तुएँ उनके पास हैं, पर धर्म के थोड़ेसे स्वाद के बिना जीवन में कुछ कमी आ जाती है और समाज भी निन्दा करता है, अतः कुछ धर्म भी चाहिए। संसार में धर्म की यही वर्तमान अवस्था है।

एक शिष्य अपने गुरु के पास गया और बोला, "गुरुदेव! मुझे धर्म चाहिए।" गुरुजी उस युवक की ओर देखकर कुछ नहीं बोले, केवल मुसकरा दिये। युवक

प्रतिदिन आता और जोर देकर कहाकरता, "मुझे धर्म चाहिए।" पर उस वृद्ध को इस युवक से अधिक शान था। एक दिन बहुत गरमी पड़ रही थी। गुरु ने उस युवक से कहा, "चलो मेरे साथ नदी को; डुबकी लगा आयें।" वे नदी में गये। युवक नदी में कूद पड़ा और गुरुजी भी उसके पीछे उतरे। गुरुजी ने बलपूर्वक उस युवक का सिर कुछ समय तक पानी के अन्दर ही दबा रखा और जब कुछ देर तक वह युवक पानी के भीतर हड़बड़ा चुका, तब गुरुजी ने उसे छोड़ दिया और पूछा, "क्यों जी, तुम पानी के अन्दर थे, तब तुम्हें सबसे अधिक आवश्यकता किस बात की मालूम होती थी?" शिष्य ने उत्तर दिया, "साँस लेने की।" "क्या तुम्हें ईश्वर की आवश्यकता उसी प्रकार है? यदि है, तो तुम उसे एक क्षण में ही पा जाओगे।" जब तक तुममें वही पिपासा, वही तीव्र व्याकुलता, वही लालसा नहीं होती, तब तक तुम अपनी बुद्धि, पुस्तकों या अनुष्ठानों के सहारे कितनी भी खटपट करो, तुम्हें धर्म की प्राप्ति नहीं हो सकती। जब तक तुममें ऐसी धर्मपिपासा जागृत नहीं होती, तब तक तुम नास्तिक से किसी तरह श्रेष्ठ नहीं हो। तुममें और नास्तिक में अन्तर इतना ही है कि नास्तिक निष्कपट है और तुममें वह गुण भी नहीं है।

एक महापुरुष कहा करते थे, "मान लो, एक कमरे में चोर है। उसे किसी तरह यह मालूम हो गया कि उसके बाजू के ही कमरे में स्वर्ण की एक बड़ी राशि रखी हुई है, और इन दोनों कमरों के बीच की दीवाल बहुत पतली है। अब उस चोर की क्या अवस्था होगी? उसकी आँखों से नींद चली जाएगी, उसकी भूख भाग जाएगी और वह कोई काम भी न कर सकेगा। उसकी सारी चिन्ता यही रहेगी कि वह स्वर्ण कैसे प्राप्त हो, वह सदा यही सोचेगा कि इस दीवाल में कैसे छेद करूँ और उस सोने की ढेरी पर हाथ मारूँ। क्या तुम यह कहते हो कि इन सब मनुष्यों को यथार्थ में ऐसा विश्वास है कि सुख की खान, आनन्दकन्द वैभव का खजाना - स्वयं परमेश्वर - यहाँ है, और ऐसा विश्वास होते हुए भी ये लोग ईश्वर की' प्राप्ति के लिए प्रयत्न न। करके संसार में उसी तरह व्यवहार करेंगे जैसा कि अभी कर रहे हैं?"

ज्योंही मनुष्य यह 'विश्वास' करना आरम्भ कर देता है कि 'ईश्वर है' त्योंही वह ईश्वर को प्राप्त करने की प्रबल लालसा से पागल हो जाता है। दूसरे लोग भले ही अपनी-अपनी राह से जायें, पर ज्योंही मनुष्य- को निश्चय हुआ की वह यहाँ जिस तरह

का जीवन व्यतीत कर रहा है उससे उच्चतर जीवन और भी कोई है ज्योंही उसे निश्चय रूप से अनुभव हो गया कि इन्द्रियाँ हीं सब कुछ नहीं हैं यह, अन्त होनेवाला जड़ शरीर उस अमर शाश्वत, अविनाशी आत्म-सुख की तुलना में कुछ भी नहीं है तब तो जब तक वह उस सुख को अपने लिए प्राप्त न कर लेगा तब तक पागल-सा हो जाएगा। और यही पागलपन यही पिपासा, यही धुन, धर्म के प्रति 'जागृति' कहलाती है। जिस समय मनुष्य की ऐसी अवस्था हो जाती है, तभी से उसके धार्मिक जीवन का आरम्भ होता है। पर इस अवस्था को पहुँचने के लिए बहुत समय लगता है। ये विधियाँ और अनुष्ठान, प्रार्थना और तीर्थयात्रा, शास्त्राध्ययन, घण्टानाद, आरती, पुरोहित ये सब प्रारम्भिक तैयारियाँ हैं। वे आत्मा की मलिनता को दूर कर देते हैं। और जब आत्मा पवित्र हो जाती है, तब वह अपने सहज स्वभाव से अपने उत्पत्तिस्थान - पवित्रता की खान स्वयं परमात्मा - के पास पहुँचना चाहती है। जैसे सदियों की धूल से ढँका हुआ लोहे का टुकड़ा चुम्बक के समीप वर्षों पड़े रहने पर भी -उसकी ओर आकर्षित नहीं होता, पर धूल को हटाकर लोहे को साफ करते ही चुम्बक की ओर खिंच जाता है, उसी प्रकार जन्म-जन्मान्तर की अपवित्रता, दुष्टता और पापों की धूल से ढँका हुआ मनुष्य का जीवात्मा अनेक जन्मों के पश्चात् इन विधियों और अनुष्ठानों के द्वारा दूसरों की भलाई के द्वारा तथा अन्य प्राणियों पर प्रेम के द्वारा जब पर्याप्त शुद्धता को प्राप्त हो जाता है, तब उसकी स्वाभाविक आध्यात्मिक आकर्षणशक्ति प्रकट होती है और वह जाग उठता है तथा परमात्मा की ओर जाने की प्रबल चेष्टा करता है।

फिर भी, ये सब अनुष्ठान और प्रतीकों की उपासना प्रारम्भ मात्र है, ईश्वर का सच्चा प्रेम नहीं है। प्रेम की बात तो सर्वत्र सुनायी पड़ती है। हर कोई कहता है, ईश्वर से प्रेम करो। पर मनुष्यों को मालूम नहीं कि प्रेम है क्या। यदि वे इसे जानते होते तो उसके विषय में ऐसी खोखली बातें न करते। हर कोई कहता है कि मैं प्रेम कर सकता हूँ, परन्तु पाँच मिनट में ही पता चल जाता है कि उसके स्वभाव में प्रेम नहीं है। प्रत्येक स्त्री यही कहती हैं कि वह प्रेम कर सकती है, पर तीन मिनट में ही उसे पता लग जाता है कि वह प्रेम कर नहीं कर सकती। संसार प्रेम की बातों से भरा पड़ा है, पर प्रेम करना बड़ा कठिन है। प्रेम कहाँ है? प्रेम है यह तुम कैसे जानते हो? प्रेम का प्रथम लक्षण यह है कि उसमें व्यापार या सौदागरी नहीं होती। जब तक तुम किसी मनुष्य को कुछ पाने

की इच्छा से प्रेम करने देखो, तब तक जान लो कि वह प्रेम नहीं है; वह तो दुकानदार का प्रेम है। जहाँ सवाल खरीदी और बिक्री का है, वहाँ कोई प्रेम नहीं रह जाता। अतः जब कोई मनुष्य ईश्वर से प्रार्थना करता है, "मुझे यह दो, मुझे वह दो" तो वह प्रेम नहीं है। वह प्रेम कैसे हो सकता है? "मैं तुम्हें एक प्रार्थना सुनाता हूँ और तुम मुझे उसके बदले कुछ दो। '' यह तो वही निरी दुकानदारी की बात हुई।

कथा है कि एक महाराजा जंगल में शिकार खेलने गये। वहाँ एक साधु से उनकी भेंट हो गयी। उन दोनों में कुछ थोड़ा-सा वार्तालाप हुआ। महाराजा उन महात्मा से इतने प्रसन्न हो गये कि वे उनसे कुछ भेंट स्वीकार करने के लिए आग्रह करने लगे। साधु बोले "नहीं, मुझे अपनी वर्तमान स्थिति से पूर्ण सन्तोष है। ये वृक्ष मुझे खाने को फल देते हैं, ये सुन्दर निर्मल नदियाँ मुझे यथेष्ट जल दिया करती हैं, इन गुफाओं में मैं शयन करता हूँ, भले ही तुम एक महाराजा हो, पर मुझे तुम्हारी भेंट की क्या परवाह?" महाराजा बोले, "केवल मुझे पवित्र करने के लिए, मुझे सन्तोष देने के लिए आप कुछ भेंट कृपया स्वीकार कर लें और मेरे साथ मेरी राजधानी को चले। '' निदान वे सन्त महाराजा के साथ चलने को राजी हो गये। महाराजा उन्हें अपने राजमहल में लिवा लाये। वह महल सोना, जवाहरात, मणि-माणिक्य और तरह-तरह की अछूत वस्तुओं से परिपूर्ण था। वहाँ सर्वत्र दौलत और शक्ति का साम्राज्य था। महाराजा ने साधु से कहा "आप एक मिनट ठहरिये मैं ईश्वर की प्रार्थना कर- लूँ।" ऐसा कहकर महाराज एक कोने में चले गये और प्रार्थना करने लगे "हे ईश्वर! मुझे और भी अधिक धन, सन्तति और राज्य दे" - आदि-आदि! इतने में ही सन्त उठ खड़े हुए और जाने लगे। महाराजा ने उन्हें जाते देखा, तो वे भी उनके पीछे चले और कहने लगे "ठहरिये महाराज! आपने मेरी भेंट तो ली ही नहीं और चल पड़े साधु ने उनकी ओर मुँह फेरकर कहा "अरे भिखारी! मैं भिखारियों से भीख नहीं माँगता; तुम भला क्या दे सकोगे? तुम तो खुद ही भीख माँग रहे हो।" यह प्रेम की भाषा नहीं है। यदि आप ईश्वर से 'यह दो वह दो' यही माँगते रहे, तो प्रेम और दुकानदारी में अन्तर ही क्या रहा? प्रेम का प्रथम लक्षण यह है कि वह सौदा करना नहीं जानता। वह तो सदा देता ही है। प्रेम सदा देने वाला होता है लेने वाला कभी नहीं। भगवत्पूत्र कहता है "यदि भगवान् चाहें, तो मैं

अपना सर्वस्व उन्हें दे दूँ। पर मुझे उनसे कोई चीज नहीं चाहिए। मुझे इस दुनिया में किसी की चाह नहीं। मैं उनसे प्रेम करना चाहता हूँ इसलिए प्रेम करता हूँ? उसके बदले में मैं उनसे कुछ नहीं माँगता। ईश्वर सर्वशक्तिमान् हैं या नहीं, इसकी मुझे परवाह नहीं। मुझे न उनकी कोई शक्ति चाहिए, न उनकी शक्ति का प्रदर्शन। वे प्रेमस्वरूप भगवान् हैं इतना ही मेरे लिए बस है। मैं और कोई प्रश्न नहीं पूछता। '

द्वितीय लक्षण यह है कि प्रेम में किसी प्रकार का भय नहीं रहता। प्रेम में डर हो सकता है? क्या कभी बकरी शेर पर चूहा बिल्ली पर या गुलाम मालिक पर प्रेम करता है? गुलाम लोग कभी-कभी प्रेम दिखाया करते हैं पर क्या वह प्रेम है? क्या डर में तुमने कभी प्रेम देखा है? ऐसा प्रेम सदा बनावटी रहता है। जब तक मनुष्य की ऐसी भावना है कि ईश्वर बादलों के ऊपर बैठा है, एक हाथ में वह पुरस्कार लिये है, और दूसरे में दण्ड, तब तक प्रेम नहीं हो सकता। प्रेम के साथ भय अथवा किसी भयदायक वस्तु का विचार नहीं आता। मान लो एक माता सड़क से जा रही है और एक कुत्ता उसकी ओर भौंकने लगा, तो वह पास वाले मकान में दौड़ जाएगी। दूसरे दिन, मान लो सड़क में जाते समय उसके साथ उसका बच्चा भी है और एक सिंह उस बच्चे पर झपटता है। तब वह माता कहाँ जाएगी? तब तो वह अपने बालक की रक्षा करते हुए सिंह के मुख में प्रवेश कर जाएगी। प्रेम सारे भय को जीत लेता है। उसी तरह ईश्वर का प्रेम भी है। भगवान् वरदाता है या दण्डदाता है, इसकी किसे परवाह है? प्रेमी का विचार इस प्रकार का नहीं रहता। एक न्यायाधीश अपने घर आता है, तब उसकी पत्नी उसे किस भाव से देखती है? उसे वह न्याय करनेवाला, पुरस्कारदाता या दण्डदाता के रूप में नहीं देखती, वरन् उसे अपना पति अपना प्रेमी मानती है। उसके बच्चे उसमें क्या देखते हैं? एक प्रेमी पिता, न कि दण्डदाता या वरदाता। उसी तरह ईश्वर के बालकों को भी ईश्वर दण्डदाता या वरदाता नहीं दीख पड़ता। जिन्होंने ईश्वर के प्रेम का स्वाद कभी नहीं लिया, वे ही उससे डरते हैं और जीवन-भर उसके सामने भय से काँपते रहते हैं। अतः इस डर को दूर करो। ईश्वर दण्डदाता है, वरदाता है - ये सब विचार भयंकर है, भले ही उनसे बर्बर प्रकृतिवाले मनुष्यों का कुछ काम सधता हो।। कुछ अत्यन्त बुद्धिमान मनुष्य भी आध्यात्मिक जगत् में बर्बर ही रहते हैं, और इन विचारों से उन्हें सहायता

मिल सकती है। पर जो मनुष्य धार्मिक हैं, धर्ममार्ग में चल रहे हैं, जिनकी धार्मिक जागृति हो चुकी है, उनके लिए ये विचार केवल लड़कपन या मूर्खता के ही होंगे। ऐसे मनुष्य भय के समस्त विचारों का परित्याग कर देते हैं।

तृतीय लक्षण और भी उच्चतर है। प्रेम सदैव सर्वोच्च आदर्श है। जब मनुष्य प्रथम दो अवस्थाओं को पार कर जाता है - जब वह सौदागरी छोड़ देता है और समस्त भय को दूर भगा देता है, तब वह ऐसा अनुभव करने लगता है कि प्रेम ही सर्वोच्च आदर्श है। कितनी ही बार एक रूपवती स्त्री किसी कुरूप पुरुष को प्यार करते देखी गयी है! कितनी ही बार एक सुन्दर पुरुष किसी कुरूप स्त्री से प्रेम करते देखा गया है! ऐसे प्रसंगों में आकर्षक वस्तु कौन स्त्री है? बाहर से देखनेवालों को तो कुरूप पुरुष या कुरूप स्त्री ही दीख पड़ती है प्रेम नहीं दीखता। पर प्रेमी की दृष्टि में तो उससे बढ़कर सुन्दरता और कहीं नहीं दिखाई देती। ऐसा कैसे होता है? जो स्त्री कुरूप पुरुष को प्यार करती है, वह मानो अपने मन में जो सौन्दर्य का आदर्श है, उसे लेकर उस कुरूप पुरुष पर आरोपित करती है और वह जो उपासना या प्यार करती है, सो उस कुरूप पुरुष को नहीं वरन् अपने आदर्श को ही। वह पुरुष मानो उपलक्ष्य मात्र है और इस उपलक्ष्य पर वह अपने आदर्श को डालकर उसे आच्छादित कर देती हैं; तब वह मनुष्य उसका उपास्य बन जाता है। यही बात सभी प्रेम पर लागू है। सोचो तो हममें से कितनों के ही भाई-बहन साधारण रूप के है तथापि उनके भाई या बहन होने का भाव ही उन्हें हमारे लिए सुन्दर बना देता है।

इसके पीछे सिद्धान्त यह है कि हरएक व्यक्ति अपना आदर्श सामने लाता है और उसी की उपासना करता है। यह बाह्य जगत् केवल उपलक्ष्य मात्र है। हम जो कुछ देखते हैं, वह सब हमारे मन से ही बाहर निकलता है। सीप के कीटक के भीतर बालू का एक कण प्रवेश कर जाता है और वह कण उस कीटक को उत्तेजित करता है। इससे उस कीटक के शरीर से एक द्रव पदार्थ निकलता है जो उस बालू के कण को ढँक लेता है और परिणाम में सुन्दर मोती प्राप्त होता है। यही हम सब भी कर रहे है। बाह्य वस्तुओं से हमें उपलक्ष्य मिलते हैं, जिन पर अपने आदर्श को स्थापित कर अपने विषय निर्माण करते है। दुष्ट लोग इस संसार को घोर नरक के रूप में देखते हैं और सज्जन इसे सच्चा स्वर्ग समझते हैं। प्रेमी जन इस संसार को प्रेममय देखते हैं और

द्वेषी इसे द्वेषपूर्ण मानते है। लड़ाकू लोगों को इस संसार में लड़ाई के सिवाय और कुछ नहीं दीखता और शान्तिप्रिय लोगों को शान्ति ही दिखाई देती है। सिद्ध पुरुषों को एक ईश्वर-को छोड़ और कुछ दिखाई नहीं देता। इस तरह हम सर्वदा अपने ही उच्चतम आदर्श की उपासना करते हैं और जब हम ऐसी अवस्था में पहुंचते हैं, जहाँ हम आदर्श को केवल आदर्श के रूप में प्रेम करने लगते हैं, तब समस्त वादविवाद और शंकाएँ सदा के लिए लुप्त हो जाती है। फिर तो इस बात की किसे परवाह रह जाती है कि ईश्वर का अस्तित्व प्रमाण द्वारा सिद्ध हो सकता है या नहीं? आदर्श कभी दूर नहीं हट सकता, क्योंकि वह मेरी प्रकृति का ही अंश है। आदर्श में मुझे शंका होना तभी सम्भव है, जब मैं अपने अस्तित्व के विषय में शंका करूँ। और मैं इसमें शंका नहीं कर सकता, इसलिए उसमें भी शंका नहीं कर सकता।

उस अवस्था में पहुँच जाने पर फिर किसे इस बात की परवाह रह जाती है कि विज्ञान हमारे लिए यह बात सिद्ध कर सकता है अथवा नहीं कि ईश्वर हमारे बाहर किसी अन्यत्र स्थान में रहता है अपने मन की लहर के अनुसार इस संसार का जैसा चाहता है परिचालन करता है, अथवा इस सृष्टि का कुछ दिनों तक निर्माण करके फिर शेष समय के लिए विश्राम करने चला जाता है? इस बात की भी फिर किसे परवाह रह जाती है कि ईश्वर सर्वशक्तिमान् और साथ ही सर्वदयामय भी हो सकता है अथवा नहीं? इस बात की भी फिर किसे चिन्ता रहती है कि ईश्वर मनुष्य के लिए वरदान है या नहीं; वह हमारी ओर अत्याचारी शासक की दृष्टि से देखता है अथवा एक दयालु सम्राट की दृष्टि से? प्रेमी तो पुरस्कार और दण्ड, भय और शंका, वैज्ञानिक या अन्य प्रमाण आदि सारी बातों के परे पहुँच गया है। उसके लिए प्रेम का आदर्श ही पर्याप्त है और क्या यह स्वयंसिद्ध बात नहीं है कि यह संसार इस प्रेम का ही प्रकट स्वरूप है? वह कौन-स्त्री वस्तु है, जो अणुओं को लाकर अणुओं से मिलाती है परमाणुओं को परमाणुओं से मिलाती है, बड़े-बड़े ग्रहों को आपस में एक दूसरे की ओर आकृष्ट करती है, पुरुष को स्त्री की ओर स्त्री को पुरुष की ओर, मनुष्य को मनुष्य की ओर, पशुओं को पशुओं की ओर मानो समस्त संसार को एक ही केन्द्र की ओर खींचती हो? यह वही वस्तु है, जिसे 'प्रेम कहते हैं। सब से छोटे परमाणु से लेकर बड़े से बड़े व्यक्ति में उस प्रेम का प्रकाश दिखाई देता है। यह प्रेम सर्वसाक्षी, सर्वव्यापी और सर्वत्र

है। चेतन और अचेतन में, व्यष्टि और समष्टि में भगवत्प्रेम आकर्षक-शक्ति के रूप में प्रकट होता है। संसार में यही एक प्रेरक-शक्ति है। इसी प्रेम की प्रेरणा से ईसा मानवजाति के लिए अपने प्राणों का उत्सर्ग करता है और बुद्ध एक प्राणी तक के लिए, माता अपनी सन्तान के लिए और पुरुष स्त्री के लिए। इसी प्रेम की प्रेरणा से मनुष्य अपने देश के लिए प्राण निछावर करने को उद्यत रहते हैं और आश्चर्य की बात तो यह है कि इसी प्रेम से प्रेरित होकर चोर चोरी तथा हत्यारा हत्या करने जाता है। कारण यह है कि इन स्थानों में भी आत्मा तो वही है, यद्यपि उसके प्रकाश में भिन्नता -है। संसार में यही तो एक प्रेरक-शक्ति है। चोर को स्वर्ण पर प्रेम है; यहाँ भी प्रेम ही है, पर उसकी दिशा गलत है। उसी तरह सभी दुष्कर्मों तथा सभी पुण्य कर्मों में शाश्वत प्रेम ही उनके पीछे है। मान लो एक मनुष्य न्यूयार्क के दरिद्र मनुष्यों के लिए एक हजार डालर का चेक लिखता है और उसी समय उसी कमरे में एक दूसरा मनुष्य अपने मित्र के नाम से जालसाजी कर रहा है.। एक ही दीपक के प्रकाश में दोनों लिख रहे हैं, पर जो उस प्रकाश का जैसा उपयोग करता है उसके लिए वही जिम्मेदार है। वह प्रकाश तो. किसी निन्दा या स्तुति का पात्र नहीं हो सकता। संसार की यह प्रेरक-शक्ति प्रेम निर्लेप और सब वस्तुओं में प्रकाशमान है। इसके बिना संसार क्षण-भर में चूर्ण होकर नष्ट हो जायगा। वह प्रेम ही परमेश्वर हैं।

"हे प्रिये! पति से कोई पत्नी पति के लिए प्रेम नहीं करती वरन् पति में जो आत्मा है उसी के लिए वह पति से प्रेम करती है। हे प्रिये! कोई पति पत्नी से पत्नी के लिए प्रेम नहीं करता, वरन् पत्नी में जो आत्मा है उसके लिए प्रेम करता है। कोई किसी भी चीज पर केवल आत्मा को छोड़कर और किसी अन्य बात के लिए प्रेम नहीं करता।"[1] यहाँ तक कि इतनी निन्दय स्वार्थपरता भी उसी प्रेम का ही एक रूप है। इस खेल को छोड़कर अलग खड़े हो जाओ, उसमें अपने को शामिल न करो, वरन् इस अछूत दृश्य को, अपूर्व नाटक को एक अंक के बाद दूसरे अंक के अभिनय को देखते चलो और

[1] नवा अरे पत्यु: कामायपति: प्रियो भवत्यात्भम्मकझयपति: प्रियो खति। नवा अरे जायायै कामाय कन्या -प्रिय भवत्यात्मनस्तु कामाय रक्या क्वखइ।... न वा म्मे सर्चस्य कामाय सर्व प्रियं मक्त्यात्मनस्तु कामाय सर्व प्रिय प्लत्ति। - रूदमण्यकोपनिषद् २-४-५

इस अद्भुत स्वरसंगति को सुनते जाओ। ये सभी उसी प्रेम की अभिव्यक्तियां हैं। स्वार्थपरायणता में भी वह आत्मा या 'स्व' अनेक हो जाता है और बढ़ता ही जाता है। वही एक आत्मा मनुष्य का विवाह हो जाने पर दो आत्मा और बच्चे पैदा होने पर अनेक आत्मा हो जाएगा, वही पूरा गाँव हो जाएगा, शहर हो जाएगा और फिर भी बढ़ता ही जाएगा, जब तक कि वह सारी दुनिया को आत्मरूप अनुभव न करने लगे। वही आत्मा अन्त में सब पुरुषों सब स्त्रियों सब बच्चों जीवधारियों यहाँ तक कि समय विश्व को अपने में ढँक लेगी। वही प्रेम बढ़कर सर्वव्यापी प्रेम, अनन्त प्रेम का रूप धारण कर लेगा, और वही प्रेम ईश्वर है।

इस प्रकार हम पराभक्ति परम अनुराग में पहुँचते हैं, जहाँ अनुष्ठान और प्रतीक छूट जाते हैं। जो इस अवस्था में पहुँच जाता है वह फिर किसी सम्प्रदाय के भीतर नहीं रह सकता, क्योंकि सभी सम्प्रदाय तो उसी के भीतर हैं। वह किसमें प्रवेश करेगा? इस प्रकार का मनुष्य किसी मन्दिर या गिर्जाघर में नहीं जा सकता, क्योंकि सभी मन्दिर और गिर्जाघर तो उसी में है। उसके योग्य उतना बड़ा गिर्जाघर है कहाँ? ऐसा मनुष्य अपने को सीमाबद्ध विधियों या अनुष्ठानों में बाँधकर नहीं रख सकता। वह तो ' असीम प्रेम' के साथ एक हो गया है। उस ' असीम प्रेम' की सीमा कहाँ? जिन सब धर्मों में यही प्रेम आदर्श माना गया है उनमें उस प्रेम को प्रकट करने का यत्न देखा जाता है। हम अपने अन्तर में जानते हैं इस प्रेम का क्या अर्थ है और यद्यपि हम देखते हैं कि इस आसक्ति और आकर्षण की दुनिया में प्रत्येक वस्तु उसी 'असीम प्रेम' का अंशत: प्रकाश है, तो भी हम उसे वाणी द्वारा वर्णन नहीं कर सकते। भिन्न-भिन्न देशों के साधु-महात्माओं ने उसे वर्णन करने का प्रयत्न किया है। और हम देखते हैं कि उन्होंने भाषा की समस्त शक्ति का मन्थर कर डाला है तथा ईश्वरसम्बन्धी छोटी-छोटी भावनाओं को भी प्रकट करने के लिए घोर इन्द्रिय-विषयक शब्दों तक को ईश्वरी भाव के अर्थ में प्रयुक्त किया है.।

हिब्रू राजर्षि[1] और भारतवर्षीय ऋषियों ने उस ईश्वर की स्तुति का गान इस प्रकार किया है "हे प्यारे! तेरे अधरों का एक चुम्बन होते ही तेरे लिए पिपासा सदा बढ़ती ही जाती है। सभी दुःखों का अन्त हो जाता है और भूत, वर्तमान तथा भविष्य सभी को

[1] The Song of Solomon in the Old Testament.

मनुष्य भूल जाता है और एक तेरा ही चिन्तन किया करता है।"[1] यही प्रेम का पागलपन है। इस अवस्था में सारी वासनाएँ नष्ट हो जाती है। प्रेमी कहता है "मोक्ष की किसे परवाह है? उद्धार की किसे इच्छा है? सिद्ध भी कौन होना चाहता है? स्वतन्त्रता की किसे परवाह है?"

"न मैं धन चाहूँ न आरोग्य न सौन्दर्य न बुद्धि। नाना दोषों से पूर्ण इस संसार में मेरा पुनः -पुनः जन्म हो, मुझे कोई शिकायत न होगी परन्तु हे ईश्वर! तुझ पर मेरा प्रेम सदा बना रहें और यह प्रेम किसी अन्य हेतु से नहीं, केवल प्रेम के लिए ही हो; तुझ पर मेरी अहैतुक भक्ति हो।"[2] यही प्रेमोन्माद है, जो उक्त स्तुति-गान में प्रकट हुआ है। मानवी-प्रेम में स्त्री-पुरुष का प्रेम ही उच्चतम, अत्यन्त व्यक्त परम प्रबल और परम आकर्षक होता है; इसी कारण उच्चतम भक्ति के वर्णन में उसी भाषा का व्यवहार किया जाता है। यह मानवी प्रेम का उन्माद सन्त-महात्माओं के ईश्वर-प्रेम में रंगकर उन्मत्त होना चाहता हैं, 'भगववेमोन्मत्त पुरुष' बनना चाहते हैं। प्रत्येक धर्म के साधु- महात्माओं ने जो प्रेम-मदिरा अपने हृदय का रक्त डालकर तैयार की है जो प्रेम-मदिरा प्रेम के लिए ही प्रेम करनेवाले समस्त निष्काम ईश्वर-प्रेमी भक्तों की आशाओं का एकमात्र केन्द्र है उसी प्रेम-मदिरा का प्याला ये प्रेमी भक्त पीना चाहते हैं! प्रेम का पुरस्कार प्रेम ही है और यह कैसा उत्तम पुरस्कार है! यही एक वस्तु हैं, जो समस्त दुःखों को दूर कर देती है। यही एक प्याला है, जिसे पीने से इस संसाररूपी व्याधि का नाश हो जाता है। मनुष्य ईश्वरोन्मत्त बन जाता है और मैं मनुष्य हूँ यह तक भूल जाता है।

अन्त में हम देखते हैं कि सभी भिन्न-भिन्न प्रणालियाँ अन्त मैं उसी एक लक्ष्य - पूर्ण एकता - में पहुँचती हैं। हम आरम्भ में द्वैतवादी ही रहते हैं। उस समय राही भावना

---

[1] सुरतवर्धन शोकनाशन स्वरितवेणुना सुसु चुम्बितम्।
इतररणविस्मारण नृणां बितर वीर नस्तेष्धरामृतम्।।

- श्रीमद्धणवत, १०-३१ - १३

[2] न धन न जन न सुन्दरीं कवितां वा जगदीश कामये।
मम जन्मनि जन्मनीश्वरे भवताद्धक्तिरहैतुकी त्वयि।।

- श्रीकृष्णचैतन्य

रहती है कि ईश्वर तथा मैं दो भिन्न-भिन्न व्यक्ति हैं। दोनों के बीच में प्रेम का आगमन होता है और मनुष्य ईश्वर की ओर बढ़ना आरम्भ करता है तथा मानो ईश्वर मनुष्य की ओर। मनुष्य अपने जीवन के सभी सम्बन्धों को - उदाहरणार्थ, माता, पिता, मित्र, प्रेमी को अपनाता जाता है; वह स्वयं यह सब बनता जाता है; और अन्तिम अवस्था में वह अपने उपास्य के साथ एक हो जाता है। "मैं तू हूँ और तू मैं, तेरी पूजा करते हुए मैं स्वयं अपनी पूजा करता हूँ और अपनी पूजा करते हुए मैं तेरी पूजा करता हूँ। '' यहीं पर हमें उस बात की चूडान्त अवस्था का अनुभव होता है, जिससे मनुष्य अपना कार्य आरम्भ करता है। आरम्भ में वह आत्मा के प्रति प्रेम था, पर क्षुद्र आत्मीयता के भाव ने उस प्रेम को स्वार्थमय बना दिया था; और अन्त में जब प्रकाश की पूर्ण प्रखरता का आविर्भाव हुआ, उस समय उस आत्मा ने ' अनन्त' का रूप ले लिया। जहाँ से हम आरम्भ करते हैं, वहीं पर अन्त भी होता है। वह ईश्वर जो सर्वप्रथम स्थान विशेष में रहने वाला व्यक्ति था, उसी ने मानो 'अनन्त प्रेम' का रूप धारण कर लिया। स्वयं मनुष्य का भी रूपान्तर हो गया, वह ईश्वर की ओर अग्रसर हो गया; जिन व्यर्थ की वासनाओं से पहले वह पूर्ण था, उन सभी वासनाओं को दूर करता गया। वासनाओं के साथ स्वार्थपरता भी नष्ट हुई और अन्त में उसे अनुभव हुआ कि प्रेम, प्रेमी और प्रेमास्पद अर्थात् भक्ति, भक्त और भगवान् तीनों एक ही हैं!

***